在路上

ZAI
LU SHANG

吴亚芬／著

——一个普通教师对人生的体味和感悟

时代出版传媒股份有限公司
安徽文艺出版社

图书在版编目（CIP）数据

在路上：一个普通教师对人生的体味和感悟/吴亚芬著. —合肥：安徽文艺出版社,2016.6（2024.7重印）
ISBN 978-7-5396-5637-3

Ⅰ. ①在… Ⅱ. ①吴… Ⅲ. ①吴亚芬—回忆录 Ⅳ. ①K825.46

中国版本图书馆CIP数据核字(2015)第290809号

出 版 人：姚　巍
责任编辑：刘姗姗　周　丽　　　装帧设计：徐　睿

出版发行：安徽文艺出版社　www.awpub.com
地　　址：合肥市翡翠路1118号　邮政编码：230071
营 销 部：(0551)63533889
印　　制：安徽芜湖新华印务有限责任公司 (0553)3916126

开本：880×1230　1/32　印张：9.375　字数：250千字
版次：2016年6月第1版
印次：2024年7月第2次印刷
定价：59.80元

目　　录

序　言

《在路上》中的“路”，是指人生之路。

来到这个世界的每一个人，都必然要走这条路。

几十年的人生之路如何走，是每一个人都必须面对的，而且是一个很漫长、很复杂、很艰难的过程。

我今年七十九岁，已经是一个进入耄耋之年的老人了。《在路上》一书，是我对自己将近八十年的生命历程的回顾、重温和审视，记录了我一生与艰难、重压的抗争，展现一生对事业的不断追求，尽融一生成熟的修炼和境界升华的光彩。

我的数十春秋的风雨人生，追忆起来，酸甜苦辣、悲欢离合、成功失败……一起涌上心头，随之心潮起伏、激情难抑……

感性的经历在书中固然不可缺少，而更重要的是，要从厚重多彩的感性经历中品味、挖掘、提炼、归结出具有启示性的哲理，使之走出个人的历史范畴，总结、提升到具有规律性意义的高度，展现出生命的真谛，从而具有普遍性的深刻意义。而要达到如此的高度，必须高瞻远瞩，以宏观思维去俯瞰个人的生命历程。

在奔腾不息的历史长河中，一个人的存在犹如沧海之一粟，微不足道，而就个人而言，又无与伦比，极为重要而珍贵。因为，来到这个世界上的每一个人，都是从千军万马中最先撞到生命线，而唯一没被淘汰的幸运者。生命只有一次。面对浩瀚无垠的宇宙、缤纷博大的世界，个人当然渺小，可是，如果放大了生命的时间和空间，以小时来计算，如以七十四岁为平均寿命，人的一生大约拥有

648240小时。从这个角度来看，人的活力，也可以说是很充盈的了。如果充分而积极地使用生命，就可以活得有意义、有贡献，就可以使生命灿烂辉煌、大放异彩。

如果能把生命分为阶段，则大致可分为三段，即开始——过程——结局。其中，过程最重要。它实际上就是人的生命的实质和历程。在生命的过程中，如果你选择了创造和奋斗，那就能使有限的生命无限延长；如果你闲置了自己的心智和双手，那就会使有限的生命转瞬即逝。平实而富于创造的过程，超越艰难险阻的过程，就是有价值的生命，就是辉煌的生命。

人的生命过程绝不会是生来就设定好了的，是要靠自身去摸索、去寻找、去闯荡、去拼搏。也就是说，生命过程是在不断地走着人生之路。

生命之路是自己一步一步走出来的。

有追求、有抱负的人，当然想要走出一条正路。但是，一个人若想走出一条属于自己的康庄大道，就必须要有一种九死而不悔的执着和坚韧不拔的意志。只要路是对的，就不怕山高路远，不怕艰难险阻。

在这个世界上，从来都没有真正的绝路。无论黑夜多么漫长，朝阳总会冉冉升起；无论风雪多么肆虐，春风总会暖暖吹拂。

只要怀着坚定的信念，迈出稳健的第一步，再坚持不懈地走下去，任何人都能创造出生命的奇迹。

路的生命属于一双沾泥带雪的脚。

人在生命路上走，就会留下脚印。脚印标志着生命的轨迹、生命的历程。一个人若能够留下虽然可能是弯弯曲曲、歪歪斜斜，但却及时归入正道，清清楚楚，前后连贯的脚印，就说明他没有虚度生命。

第一章　尚未成年就踏入了社会

从稚嫩的少年时期开始，就遭受了各种磨难，自然是痛苦的。

痛苦是沉重的压力，是难忍的煎熬，但却蕴含着十分深刻的内涵，蕴含着转机。

痛苦可以成为灾难，也可以成为精神财富。

痛苦在不屈的人们面前，都会化为一种力量，促成人格上的成熟。

怎样才能促成痛苦向积极方面迅速转化？

那就是心中要永存希望。

希望蕴含着最执着的人生追求、最强烈的成功欲望。希望是走向艰难之路的支撑力，是精神支柱，是坚实的脊梁。

痛苦过后，人就百炼成钢，路就洒满阳光。

一、战乱之中家庭的重大变故

20世纪40年代后期，全国处于战乱的局面。蒋介石冒天下之大不韪，倒行逆施，发动了内战，并先后经历了辽沈战役、淮海战役、平津战役，其部队节节败退，溃不成军，死伤惨重。

三大战役自1948年9月12日开始，至1949年1月31日结束，共俘虏、收编、歼灭国民党军154万余人。国民党赖以维持其反动统治的主要军事力量基本被消灭。

三大战役之后，国民党军队大伤元气，形势更加恶劣，所以，全军覆灭、丧失政权，已成定局。蒋介石自食其恶果，这是历史的必然。

我的家乡在安徽宿县(后改为宿州市)，正是淮海战役重要的战场。

1948年11月13日，中国人民解放军中原野战军，采取了战略性进攻策略，派重兵团团包围了宿县。国民党军犹如瓮中之鳖，困守在城中，军心涣散，他们仅凭着宿县有一道坚固的城墙，苟延残喘。当时，我的父亲是宿县的县长，并兼有军职，也处于困境之中。

11月16日全天枪林弹雨、炮火连天，全城处于极度紧张和恐慌之中，家家关门闭户，隐蔽躲藏。

如此紧急状态之时，在我们家，却出现了一派异乎寻常的怪诞景象：镇守宿县的国民党军的一个师长，在当天的下午，来到我家，四人(包括我的父亲)一桌，打起了麻将牌。

当年，我只有十二岁，虽然少不更事，但见此情景，也觉得十分奇怪。用成年人的话说，就是在战火纷飞、生死搏斗的紧急关头，哪里可能会有军官置指挥于不顾，怀着闲情逸致，轻松地打起了麻将牌？

这就是屡打屡败的国民党军官的异常行为！

四人一直兴致勃勃地打到晚上七八点钟。当时，我正在客厅的门口，猛然间只见两个身着军装的人，匆忙进门，飞步奔进客厅，大声喊道："报告师长，大事不好！共军已攻破了西城门，进城来了!”

这位师长此时才如梦初醒,慌忙站起身来,连牌桌上自己的钱都来不及拿,就狼狈地跑了出去。

我父亲也跟着奔跑出去。

我妈妈见此情景,也惊慌万分,带着我们几个孩子及其他家人,躲进了地下室。

在封闭的地下室里,虽然听力受阻,但仍然能听到城中的枪弹炮火之声。我们都非常害怕,紧靠在一起,屏声静气,不敢躺下睡觉。

……

午夜时分,枪炮声逐渐减弱,不久,就悄无声息了。

在地下室里坐了很长时间,我们都感到十分疲劳,不知不觉躺下睡着了。

第二天上午九十点钟,我因便意难忍,经妈妈同意,从地下室里走了出来。便后走到院里,正要再回地下室,只见从大门外走进来两个穿着我未曾见过的军装、背着枪的军人。我十分惊慌,正当我急忙要跑步离开之际,只听到背后传来了温和的声音:“小妹妹,你停一停,停一停。”

我不由得停了下来。

两位军人慢步走了过来。

其中一位军人拉着我的手,亲切地说:“小妹妹,不要害怕。我们是中国人民解放军战士,宿县已经被解放军解放了。国民党已经被我们打败了,老百姓可以安居乐业,好好地过日子了。”

另一位战士和蔼地接着说:“我们来各家看看,为的是安抚受惊的居民。昨夜刚刚结束战斗，街上有些乱，毁掉的各种武器、受伤的俘虏、来不及处理的国民党军的遗体……所以两三天之内，没有特殊情况，不要出门。”

前一个战士问我：“小妹妹，你们家的人都在哪里？怎么只看到你一个人？”

“我家的人？……我家……”我不敢说。

两位战士见我如此惊恐，就不再询问。

他们背起了抢，要转身离去。

但他们又过来，一人拉拉我的手，一人轻轻地拍拍我的肩膀说：“你见到家人，就把我们刚才说的话，转告一下。好好过日子。再见了。”

我站着没有动弹，看着他们慢步离去。

当时，我心里强烈地涌动着一股新奇而感动的情思：这两个战士怎么这样好呀！我怎么从来没有见过啊！

为什么我一见到当兵的就害怕呢？其缘由是那些国民党的兵胡作非为，欺压民众，给我留下了十分恶劣的印象。

五个月之前，我目睹的一件事，深深地刻在脑子里挥之不去。

一天下午，我放学回家，在路上一所民宅处，看到了十多个凶神恶煞的国民党兵，正在民宅里往外乱扔各种家用物品，要强占这所住宅。这家的几个家人，拼命争夺，双方撕扯在一起。而这些国民党兵就用枪杆、木棍等狠狠地打过去，导致这家的人一个个倒了下去。恶狠狠的喊叫声、凄厉的大哭声混杂在一起，乱成一片。而围观的众人，又不敢上前阻止。

……

两相鲜明的对比，使我对解放军顿生信任感。于是，我就急急忙忙去了地下室。

我对妈妈大声说："妈妈，妈妈，快出来吧！我看见解放军了，他们解放了宿县。他们说，从此老百姓就能过上安居乐业的生活！"

妈妈没有作声，可是却连连对家人说："咱们出去吧。"

全家从地下室出来之后，妈妈除了向全家的人说"谁也不许出大门"之外，整日焦躁不安，不和任何人说话。

我搞不清妈妈焦躁不安的原因，也不敢问，只有在屋内憋闷着。弟妹们还小，什么也不懂。

父亲自从匆忙出逃后，就不知去向。

家里的气氛极度沉闷。

晚上八九点钟，妈妈把全家人都叫到客厅里说："宿县不能再住下去了，明早就走！除了李道远和张文忠（他们是常年跟随我家的勤务兵）送我们一程之外，其他人各回各家。"

第二天一清早，我们就弃家出走。

我一时弄不清楚走好还是不好，但是有李道远和张文忠的陪同，我很高兴。因为他们平时对我和弟妹们十分关照，为此，我觉得他们像叔叔一样亲。在兵荒马乱之际出走，是件很艰难的事。一路上，我们风餐露宿，想象不到的困难不时出现。如坐车，刚出城时，火车、汽车都停开，连马车也难找，只好坐牛车，或者坐由一个人推着的独轮小车。当在什么车都找不到时，就只能步行。此外，需要渡河时，只能提心吊胆地坐着摇摇晃晃的小船。再如吃饭住宿也很困难。该吃饭时，找不到吃的东西，就只能饿着。该住宿时，找不到屋子，就只能在屋檐下或树下坐着，又冷又困地熬着。

二十多天之后,我们终于到了通火车的明光县。此时,妈妈才告诉我们要去南京。

明光离南京不远,加上可以坐火车,妈妈就不让李道远和张文忠再陪我们了,让他们回原籍找份工作养家。我不舍得他们离去,可他们不走不行,只有挥泪告别了。

就这样,我们在 1949 年 1 月到了南京。

1949 年 4 月 24 日,南京迎来了解放。

我的父亲仍然去向不明。

1950 年 3 月,从宿县传来了一条消息:我的父亲在战乱中殒命。

在战乱中,家庭遭遇了如此惨重的变故,父亲落得如此可悲下场,这种情况在众多的家庭中,也不多见。这对于一个十二三岁的孩子来说,一时是搞不清楚家庭变故原委的,也不知道怎样去认识和对待,更意识不到这样的重创,今后会给自己带来什么重压和艰难。当时,我的脑子所有的,只是一片混乱和茫然。

可是,我懂得孩子都会长大成人的,可是如何成长,怎样走好人生之路,我却不明白。

为此,我极其迫切需要有启蒙者引路,渴望得到师长和智者的帮助和指导。

二、羽毛未丰就挑起家庭重担

我们到了南京之后,过着极其困顿的生活。

那时，我正处于求知读书的阶段，而我又十分渴望上学。失学在家的时候，我常常偷着走出去，到一些学校附近转来转去，想尽办法了解有关入学、交纳学费等情况。我先后去了七八所中学和诸如护士、师范等中专学校。

可是，这些情况，我一时又不敢向妈妈提，只能憋在心里。

1951 年初，有一天，在路过文化馆时，我看到了门前贴着一份招生通知。我近前仔细一看，原来文化馆要招收失学的青少年免费参加文化培训班，一周上三个半天课。这虽不是正式学校，但也是学习，所以，我很高兴，而且急忙跑回家，求妈妈同意我去文化馆参加培训，妈妈答应了我的要求。

到文化馆里学习，我感到特别高兴。因为我结识了许多年龄相仿、活泼开朗的同学，大家一起说笑逗乐，十分开心。给我们讲课的老师，亲切热情，课讲得生动精彩，很有吸引力。这样，和在家里整日憋闷相比，生活变得丰富多彩。

三个月后的一天，上完课之后，老师把我们留了下来，说是有重要的事情要告诉大家。同学们正襟危坐，十分专注地听着。老师十分兴奋地大声说："同学们，告诉你们一个好消息！蒋介石的总统府所在地，是一百年前太平天国的统帅洪秀全所设的天王府。今年是太平天国农民起义运动一百周年，省政府决定要在总统府举办一个纪念太平天国革命的展览会。展览会工作组特约你们去当讲解员，好不好呀？"

大家一听，个个喜出望外，一齐大声喊道："好！"

我也很兴奋，而且脑子里不停地涌现出种种遐想：什么？总统府？我曾在一部反映解放军渡江攻占了南京的电影里看到过的，而且只闪现了几秒钟的影像——解放军战士在总统府门楼上,高举红旗,欢呼雀跃……这是大门,而总统府里面,是什么样子呢?

一百年以前的天王府?一定很气派吧!那农民起义的领袖洪秀全,一定十分威武、剽悍!

当讲解员?我行吗?一定要努力!

第三天上午,我们整队人到了总统府。进了大门,我四处张望,那宽敞的庭院,那结构严谨、设计精细、造型别致、层层紧密相连的中西式融合的楼宇……给我留下了难忘的印象。

总统府的管理人员把我们引进一个长廊后,停了下来说:"同学们,你们往前看,是不是看到了在长廊的中间独立地装了两扇门?"

大家齐声回答:"看见了。"

管理人员接着说:"这是为什么呢?原来这门只专供蒋介石走进去,其他任何人都只能从两旁的长廊进去。他独裁竟独到门上来了,真太可笑了!走!咱们都从这两扇门走进去!"

对!蒋介石惨败逃到台湾去了,他的独裁也烟消云散了。这两扇门,人人可进。今天,我们也走进去,威风威风!

于是,我们都气宇轩昂地从这两扇特殊的门鱼贯而入!

到了讲解员的集中地一看,除了我们文化馆来的同学以外,还有别处来的四五十人也在其中。队伍还很庞大。

接着,管理人员说:"按照展览会组委会的安排,你们的吃、住都在总统府内,而且都免费。"

什么……什么……吃、住都在总统府——这个举世闻名的地方?

我是不是听错了?左右一看,见大家都十分惊喜、兴奋,我就立刻领会到了——这是确实的,这是真的!

我们怎么会这样幸运啊!我激动得流出了热泪。

展览会还有十天就要开幕,我们到后,就立即紧张地开始参加培训。

培训共有两项内容:一是听专家系统讲解太平天国的历史;一是学说普通话。

在这十天期间,我们全力以赴地参加培训。

这样的机会太难得,所以,十天的培训,我的精神和情绪始终都处于高度振奋和集中的状态,脑子里除了太平天国的历史知识和如何学好普通话以外,什么都不想,每天都在争分夺秒地学和记……

培训结束之后,我们都按照分工,进入各展览室做讲解员。

我被分配到"太平天国出师北伐"展览室讲解。

知道了要讲解的具体内容,我就夜以继日地练习讲解,不到能熟练地把讲解词背下来,我就不睡觉。

太平天国运动一百周年纪念展览会于1951年4月15日正式开幕了!

开幕的第一天,我们早早地就到了展览室。当时,我既兴奋又紧张。我手里拿着一根统一制作的小木杆,站在展室的门口,等待着参观者的到来。

时间不长,只见许多参观者蜂拥而至,按顺序先后走进各展览室开始参观。见此情景,我立刻走进展览室,像一个第一次登台表演的小演员一样,紧张地等待着。

过了三四十分钟,就有诸多的参观者陆续进入了我所在的展览室,我就开始讲解。

由于事前做足了准备，开始讲解之后，我只有兴奋而不再紧张了。

我们每天都要接待数以百计的参观者，一天下来，个个口干舌燥，十分劳累，可是却都精神振奋、心情愉快，因为我们在做十分有意义的事，而且各方面都得到了锻炼。

在总统府的短短三个月的经历，几十年来，却十分清晰、鲜明地刻在我的心上，终生难忘……

三个月后，在展览即将结束时，一天晚上，老师把我们召集起来，对我们兴奋而激动地说："同学们，我又要告诉你们一个比当讲解员更好的消息！"

说完，老师却停了下来，好像是故意的。

大家都急不可待地催着老师，七嘴八舌地说："什么好消息？……老师，快说呀！……快说啊！……"

老师笑了笑说："停一停再说，就是为了让你们憋足了劲儿！你们呀……你们因为在展览会上表现优异，都被保送到晓庄师范学校去上学了！……下学期入学！"

呀！原来竟是这样想不到的特大喜讯！

老师的话刚刚说完，大家就爆发出一阵欢呼声："好啊！太好了！"

同学们拥在一起，喜笑颜开，又蹦又跳。

我一听，万分兴奋而激动，顿时泪如雨下。能上学，这不正是我梦寐以求的强烈愿望吗？

老师说完后，我立即就想赶快回家告诉妈妈。

可此时外面正下着滂沱大雨，而我没有雨伞，又没有钱坐车，怎么办？走！就是下冰雹，也要回家！

我冒雨疾步如飞地往家里赶去。进了家门,我浑身湿透,顾不得换下湿透的衣服,就大声喊道:“妈妈,我们被保送到晓庄师范学校去上学了!”

屋内没有回音……

我连忙擦去脸上的雨水,定睛看去,只见妈妈坐在床边,默然无语。

我又大声说道:“妈妈,我被保送去晓庄师范学校上学了!”

妈妈抬起头看看我,没有说话。

稍稍等了一会儿,我又说:“妈妈,我要上学去了!”

只见妈妈的眼里噙着泪水,还是默然无语。

……

我忍不住大喊一声:“妈妈,我要上晓庄师范学校了!”

妈妈终于开口了:“你正是上学的年龄,想上学,当然是应该的了。可是,妈妈虽然当了小学老师,但我一个人怎么能养活五个孩子呢?……”

我急切地说:“我早就打听清楚了,上师范学校管吃管住!”

妈妈接着说:“管你吃住了,你下边两个妹妹、一个弟弟呢?……所以,为了这个家,你和你哥哥都上不了学,只能去上班挣钱养家糊口(哥哥比我大两岁,半年前,就去电瓷厂上班了)。而且,我前天听一位朋友说,南京医学院附属医院要招助理护士,我正要带你去报名、考试。”

听妈妈这样说,我惊呆了。怎么会是这样呢?!……我心里长期怀着的热望,竟这样化为泡影了。

我还想再求求妈妈,但看着妈妈那含泪的眼,看着她那瘦弱的身体(妈妈长期患心脏病,1947 年曾急诊住院,医生接诊后,就立即开了病危通知书)，我不忍心再求妈妈了。

当时，我不顾还穿着湿淋淋的衣服，立刻跑了出去，在大雨中号啕大哭，雨水再次浸透全身……

我只有听命了。三天后我随妈妈去报名，接着就去参加文化考试。

我被南京医学院附属医院录用了。

从此，为了养家糊口，我便过早地踏入了社会。当时，是1951 年 10 月，我十五岁。

到医院去报到时，我被分配到妇产科做助理护士。助理护士就如同现在的护工。倒便盆，刷厕所，给病人擦身洗脚，清理病房卫生……所有的脏活、累活我都干，而且是三班倒，休息不好。

当时，我懵懵懂懂，糊里糊涂，每天只知道按时上班，低头干活。

上了班就挣到了钱。可是，助理护士每月的工资只有十七元。每月发了工资后，除了留几块钱在医院吃饭之外，我全部都按时交给了妈妈。

上班之后，我们都被安排到医院的集体宿舍里住。这样对我有一个好处，就是有床睡觉了，不会再像住在家里一样，长期睡在地铺上。可是，每天却要到食堂里买饭吃。为了省钱，我都是买最便宜的菜吃，有时如买不到最便宜的菜，就只买两个馒头充饥。上夜班的时候，别人都带些点心之类的食品吃，而我什么都不买，饿了就忍着。长衣长裤我只有一套，没有可换洗的，我只有晚上换下立即洗晾，早晨穿上。所以，我常常穿的是半干半湿的衣服。

12 月份已经很冷了。一天上午，我在大行宫附近的路上，遇到了科里的杨怀恭大夫和他的女朋友薛护士。他们都穿着厚厚的呢大衣，围着围巾。我向他们问了好。当时，他们应答之后，不约而同地一齐看着我穿的衣服。

我和同为助理护士的同事合影，我在前排中间

因为没有御寒的棉衣，我只穿了一件灰色的旧夹衣。他们的眼光里含有疑问、同情、怜惜……

此事虽已过去六十多年了，但只要回忆起来，那眼光仍然十分清晰地在我的脑子里浮现出来。因为，当时面对他们的那一瞥，我没有感到自己可怜，而是一种激励，我不相信自己在以后的冬天，仍然会穿不上棉衣。

过着这样的苦日子，我心里并不觉得苦。因为，当时我想的是，我上班就是为了养家糊口，只要弟妹们能吃饱饭，我心里就踏实了。

就这样干了三个月后，妇产科来了四位医学院毕业班的实习医生。他们年轻、热情，待人和善。他们的到来，给妇产科带来了活跃的气氛，对我思想上的变化和提高，是个难得而可贵的机遇。

有一天，其中有一位叫何翠华的实习医生在病房里看见我时，要我去拿一个导尿管。我不知道导尿管什么样，只好待着不讲话。她一看就明白了，于是就自己去拿。

我和三个小弟妹的合影

当天下午，她把我叫到办公室，热情地拉着我的手，叫我坐下。

她轻声细语地问我："你怎么不知道导尿管是什么样子？"

我嗫嚅地说："没有人教过我……"

她听后想了想说："是的，你们助理护士是不办培训班的。那你可以自己学呀。"

我点点头。

接着，她又问："你这个年龄，正是读书的时候，为什么就上班了呢？听说这一期招的助理护士，你的年龄最小。院里原来因为你年龄太小，不想录用你。但因为你文化课考试第一名，才决定录用。"

这是我最不想提的事，所以低下头沉默不语。

何医生看出我有难言之隐，遂伸出双手，紧紧握着我的手，语气十分温和地说："亚芬，有什么难以开口的话，尽管给大姐姐说。我会帮助你的。"

听她这样说，我心里顿时涌出一股暖流，就开口说道："我……我……我父亲是……是国民党的官……他……他……他再也见不到了。所以，我家里生活特别困难。"

她什么都明白了，沉默了一会儿，说道："我今天要跟着老医生去查房，没有时间和你详谈。下周咱们约个时间和地点，好好谈谈家庭情况。好吗？"

我点点头。

第二周的周二，我下了早班，何医生约我到实习医生的办公室谈心。

我走进办公室，就见何医生坐在椅子上，她的对面放了一把椅子。

看到我进来，她就站了起来，拉着我的手，让我坐在她对面的椅子上，和她贴得很近。

她温和地说："你刚下早班，一定很累。先坐下歇歇。"

我连忙说："不累，不累。何医生，您的时间很紧，别耽误了。"

她点点头："咱们就开始谈谈。你先说说父亲的情况。"

见她如此亲切地关怀着我，我就消除了顾虑和胆怯，和盘托出，敞开心扉地说："我父亲是安徽宿县县长，此外，还兼有军职，带过兵，但我搞不清他带兵去干什么……只是……只是常常不在家，我们几个孩子很少能见到他。他对我们也很少过问……记得有一次，在客厅门口他偶然碰到了我，就随口问道：'你现在上几年级了？呵！个子长高了。'"

我想了想又接着说："有一次我因为急着要找一样东西，就打开了爸妈卧室里一张桌子的一个抽屉，只见里面放满了相同信封的信件，信封上写着'戡乱建国委员会'几个字。那个'戡'字，我不认识，后来问一个亲戚，才知道读音，而且，这位亲戚告诉我，我爸爸就是这个委员会的主任。"

何医生问我："你知道什么是'戡乱'吗？"

我摇了摇头。

她接着说："'戡乱'就是'剿匪'，就是妄想要打败人民解放军。'匪'是对救国救民的共产党的蔑称。你看到的那些戡乱建国委员会的信件，可能就是情报。你父亲看到这些情报常常外出，就是去'剿匪'。你想想，他天天忙着在做什么？是去打人民解放军的地方部队，他罪孽深重啊！"

啊！我如梦初醒，惊愕万分。原来是这样！

接着我又想到了一件事，就对何医生说："1948 年 4 月的一天早晨，我去上学，出了家门，走到不远的马路上，就看到许多人围在一起，争相观看路边墙上贴着的东西。我走近一看，原来是十多张写着密密麻麻的字的白纸，头一张纸的最上面写着一行十分醒目的大标语：'打倒国民党顽固分子吴剑秋！'啊！是要打倒我的父亲！"

何医生说："人民群众冒着生命危险，来反对你的父亲，可见他引起的民愤很大。亚芬，你能说出这些事，一则说明你能客观地对待自己的父亲；二则表明了你的父亲确实很反动，是人民的敌人。你必须要对父亲和旧家庭有清醒、深刻的认识，从思想上彻底划清界限，摆脱影响。再者，你一定要认识到，亲情也是要有界限的。"

我专注地听着。

她又说："你的家庭生活在淮海战役前后，发生了完全不同的变化，也就是说，之前，你们过的是养尊处优、富足奢华的生活，而之后，你们就穷困潦倒，衣食无着。这完全是你父亲造成的。对此，你要有清醒的认识。即对你十二岁以前的富足生活要鄙视，对目前的穷困生活，要有信心靠着自己的努力逐步改善。再者，你妈妈一定要你上班，是为了养家糊口，这也是一种实际需要。但是，既然工作了，就要认识到这也是对社会的服务和奉献。在医院里，干最脏最累的活，也是一种工作的需要。为此，你一定要尽职尽责。”

我专注地听着。

何医生又接着说：“你出身很不好，可是，这绝不是解决不了的问题。首先，你没有错误，也不需负什么责任，所以不要自卑，不要悲观。你要坚定地相信出身不能选择，而人生道路完全可以由自己掌握。你要树立坚定的信心，勇往直前，努力走出一条光明大道。”

最后，她语重心长地鼓励我加强学习、努力工作、坚定信心、积极上进。

何医生这样透彻、清晰、深邃，而又推心置腹的一席话，在这之前，我从来没有听说过。

我是茅塞顿开？还是豁然开朗？是恍然大悟？还是醍醐灌顶？这些感受，我都有啊！

这些强烈的感受融合起来，形成了一股火一般的热流直达我的胸怀，心中通亮！

这些强烈的感受融合起来，化为一支清醒剂，注进了我周身的血脉，热情澎湃！

我醒悟了！我振奋了！

我怀着坚定的信念和火热的激情站起来走到何医生身旁，紧紧地握住她的手，含着热泪说：“你这样热情、诚恳和亲切地开导我，我真不知如何感谢你好……”

何医生立即阻止我说：“不用，不用。只要你能明白我所说的，而且，立即行动起来，这就是我最高兴的事！”

她当时对我说的一句话，至今已六十三年，但我仍然深深地铭刻在心里，永生不忘，那就是：“出身不能选择，而人生之路完全可由自己掌握。”

这句话是我一生的座右铭。

何医生对我的挚爱、鼓励和期待如阳光一般温暖着我的心田。从此，我的精神面貌和表现都有很大的变化。除了尽职尽责做好我应做的工作，关怀患者，热情为他们服务以外，我还借了几本有关医药方面的书阅读，同时，还尽可能地在病房里了解、观察有关护理方面的操作，如：如何打针、导尿、输液、灌肠、送药……尽管我没有资格做这些工作，但不断学习医药知识，也是必要的。

有一次，护士长还当众表扬了我。

……

从此，我坚定地迈出了踏进社会的第一步。迈出了勇敢的第一步，头上就会有一片湛蓝的天。迈出了勇敢的第一步，前面就会有一条宽敞的路。

何医生是我的师长，是我的引路人，她在我迈入人生道路上起到了至关重要的作用。

后来，在他们四人实习结束，离开妇产科之后，我才得知她在初入大学时，就是一名优秀的党员。此时，我更加敬佩她了。

此后，我们一直没有机会再联系。

直到 1992 年的一天，我在电视的新闻报道中，看到了一个镜头，是介绍北京协和医院的医生如何抢救危重病人的，而且，清清楚楚地显示出负责抢救的主任医师何翠华的面容。

看到此情此景，我又惊又喜。虽然四十年不见，她也显出了老态，但我仍然能认出她来。

我迫切地想见到她。于是，就连忙给北京协和医院打电话，询问何医生的电话。他们十分支持，当时就告诉了我。

我怀着急切的心情，立即和何医生通了电话，约定了第二天见面。

第二天一早，我就去了何医生的家，她已经在等着我。

当我推门进去之后，两人相见，热情相拥。

她仔细地端详着我，连连说："变了，大变了！四十年前，你还是个孩子。而现在……现在，你俨然是个成熟的知识分子了……坐下……坐下，咱们好好谈谈。"

她一面说，一面拉着我，紧紧地一起坐在长沙发上。

她十分关心我四十年以来的情况，所以，首先询问了我的经历。

我扼要地谈了谈自己主要的经历。

当得知我经过刻苦自学，1956 年考上了大学，并且毕业后一直从教，目前在高校任教，在坚持努力二十四年于 1980 年入党之后，她就紧紧地握着我的手，又拍拍我的双肩说："好！好！路走得对，走得对！你现在还不算老，继续努力，为教育事业再做奉献。"

我也表达了对她早已成为了著名医院的骨干医师和专家的敬意。两人相聚甚欢。

固然，人生之路主要是应当靠自己走出来，但是，在年少时期的成长过程中，接受师长、智者的指引，是十分重要的。因为一个人在处于少年阶段时，涉世不深，认识肤浅，对前进的道路和方向往往把握不准，或者出现差错。此时，必须要有师长相助。

我就是受到何医生的引导和鼓励，从困境之中，艰难而勇敢地走出来的。

我永远也忘不了她。

三、突变带来的磨难锤炼了我

1952 年 11 月，我在南京医学院附属医院工作刚过一年，因为第二机械工业部在南京新建了一所疗养院，急需医护人员，各处联系。我和另一个助理护士就被调去工作。

我和同事合影，我在后排中间

这里的工作环境很好。我虽然还是助理护士，但在护士长的指导下，可以做一些护士的工作。所幸的是，指导我的张护士长十分热忱，她常常手把手地教我，加上我在附属医院一直坚持自学，到疗养院之后，更加勤奋地钻研护理业务，所以，时间不长，护士的工作，就都可以胜任了，而且，可以独立值夜班了。我很勤奋，心情也很愉快。

半年之后，我的生活发生了一个意想不到的变化，即我恋爱了。

为什么说是意想不到呢？因为，我当时是个十七岁的女孩子，脑子里没有男女情感方面的意识，所关注的只是好好工作，业余时间上夜校，并常回家做家务，等等。

那么,怎么会过早地坠入爱河了呢?

原来,当时院内有一位年轻有为的张大夫,他是山东人,十几岁就参军入部队的卫生队服役,由于刻苦好学,终日忙忙碌碌为救治伤病员而勤奋工作,医道提高很快。来到疗养院之后,他本色不变,很快就得到了众人的好评。

因为医护人员常常配合着工作,所以,我们接触很多,我对他也很敬重。

但想不到的是,有一天的傍晚,他要约我到附近的一个小公园相谈,我不明就里,但又不好意思直接询问,就跟着去了。

一路上,阵阵疑团使我心里忐忑不安,可又有些新奇。

到了公园,他找了一个长排椅,我们一起坐下。

我十分拘束,低头不语。

他开口说话了:"亚芬……"

他怎么这样称呼我?——只有家人和亲近的人才免去姓这样称呼。

我不由得抬起头看看他,只见他那一双火辣辣的眼睛直视着我,我心里顿然生发出一种从来没有过的感觉,使我怦然心动。

他又说:"亚芬!……咱们……咱们交朋友吧……我想了很久了……"

交朋友?我曾听说,男女之间只要一提交朋友,就是要谈恋爱了……谈恋爱?……我从来没想过呀……这……这……

我一时语塞。

他继续说:"咱们在一起工作半年多了。我对你的印象很好。你单纯、热情、朴实、勤奋、好学。为此,我就渐渐地对你产生了感情，越来越深……最近，我想来想去，就决定找你谈谈。”

我再不说话，就不礼貌了。可我不知道说什么好。

他在等着我说。

我不能不开口了……但心里很乱……

又停了一会儿，我只好开口了：“张医生，你在疗养院里，威信很高，我也很敬重你，一直把你当师长对待。在工作中，你常常细心、耐心地教我一些必要的医药知识和操作……我为此十分感动……可……可……可交朋友的事……我……我从来都没有想过……”

下面，我就不知道再说什么了。

两人沉默了一阵。

他又说了：“从来没有想过？可能是你现在年龄较小，这没有什么关系，你好好想想再答复我。我不会勉强你的，你放心。”

从小公园回来后，已经天黑了。

这番相谈，对我的冲击很大，我的思绪千丝万缕，心情十分复杂，一时理不出头绪来。所以，从晚上到深夜，我一直都在思索此事。随着深入地考虑，我的情绪逐渐地平静了下来。

张医生确实十分优秀，我很佩服他。所以，对他的要求，我没有反感。作为一个女孩子被男性如此看重，我虽然有些羞涩，但内心不由得有些自喜。可如果答应和他谈恋爱，我从未想过也不知如何谈；而如果拒绝了他，这么优秀的人，又觉得不忍。思来想去，我还是做不出决定……但却显然有了偏重……

我还需要思索和斟酌。

大约过了十多天，答复一事，我未提，他也未催。

但我们在工作上的接触是不断的。每当和他配合在一起处理患者的治疗事项时，也是要对视和交流的。每当和他对视时，他那火辣辣的目光就像热浪一般，直扑到我的心底，使我心潮澎湃，激情难抑。

他那火辣辣的目光一次一次地撞击着我，使我意惹情牵，情窦初开了……

有一天傍晚，除了值班人员之外，大家都下班了。我们所在的办公室，除了我们两人因为还要处理一些事暂时未走，已空无一人。

我在填一张表格时，抬头看了看他，他也正在凝视着我。当时，我又立即感受到了他那火辣辣的目光。

当时，我满腔激情再也控制不了，就走到他的跟前，紧紧地握着他的手，也以同样火辣辣的目光直视着他。

一切都在不言中……

我就这样答复了他。

从此，我们相恋了。

……

1953年7月的一天，负责业务工作的万副院长通知我，说是院里决定派我到辽宁省辽阳医院营养护士培训班学习。

我一听，尽管我不清楚营养护士培训班学些什么，但也十分兴奋。因为，我一直都爱学习，学什么都好。

学习期限是三个月。我按期到了辽阳医院。

营养护士培训班开课的第一天，老师首先说明开办培训班的目的是为了给二机部各地疗养院培养营养护士，然后把教学计划清楚地告诉了我们。三个月内，应学习的是各种食物的营养成分，每人每天所需要的营养如何计算，给不同疾病的患者如何制定食谱，等等。

参加培训班的各地疗养院的人共三十多人。大家都积极热情、认真努力地学习。学风十分浓厚。我也是全身心投入，刻苦钻研。

短短的三个月，我们的收获很大。

三个月学习结束后，我返回了疗养院。很快，院领导就任命我为营养护士。

这个变动很大，是我事前所想不到的，所以一时尚不能适应，但是，这却使我激动、亢奋、深思。脑子里清晰地显现出一个“新”字。

是的，对于我来说，一切都是新的，而“新”蕴含着求索、创造、追求，由此，我责无旁贷，满怀信心，积极、忘我地投入到新的工作中去。

我根据所学的营养方面的知识，为身患不同疾病，诸如糖尿病、高血压、心脑血管病、肠胃病等的病人，拟定营养食谱，并与厨师密切配合，做出各种不同的饭菜，以配合医生的治疗。不久，我的工作得到了领导、医生和有关同事及患者的充分肯定，由此，我的责任心和积极性就更强了。

几个月之后，我院换了主要领导人。开始，我和新来的江院长直接接触不多，谈不上有什么印象。可是不久，我就觉得她对我十分冷漠，有几次，两人面对面碰见时，我总是热情地喊一声：“江院长好！”而她却视而不见，不予理睬。对此，我很不理解。

一天下午快下班时，办公室的一位同事对我说：“江院长找你有事,快去!”

当我敲开院长室进去后,只见她极其严肃地坐在椅子上,连招呼都不打,也没让我坐下,就铁青着脸说:“领导决定要把你调到山西长治高家庄疗养院工作,给你三天时间准备,第四天就走!出去吧!”她不容我说话,所以,我一句话都不能说,就出来了。

什么?!把我调走?……为什么?……高家庄?……那是什么样的地方?

那两三分钟之内,突然发生的变化,不可思议,使我无比震惊、不知所措,脑子全乱了。

院里就我一个营养护士,我走了工作谁去做?还有,我家在南京,母亲长期患病,弟妹幼小(最小的妹妹刚四岁),正是需要我照顾的时候,然而,竟被突然调往远方,背井离乡……该怎么办?还有,我和院里的张医生两情相悦,正在热恋,难道就此再也见不到了吗?

各种疑问把脑子塞得满满的,出了院长室,我不知道去哪儿,也不知道要干什么……

晚上,我正在宿舍里疑虑重重、辗转反侧时,两位要好的同事悄悄地开门进来,走到我的跟前轻声细语地说:“你知道江院长为什么突然把你调走吗?据说是前几天她看了你的档案,知道了你的家庭情况,她不能容你!”

我十分惊诧。

我的家庭确实复杂,但我有什么错呢?

可是,她是领导,她有权力。

我一句话也说不出。事已如此,我哪有能力和办法去挽回呢?

第二天,我回了家。见到了妈妈,我就大哭。

妈妈见此情景,十分惊诧,急忙问道:“发生了什么事? 怎么啦?”

我还在哭。妈妈走到我的跟前,拉着我的手,不停地摇晃:“说呀! 说呀!”

我艰难地控制住自己,但还是泪流满面地说:“新来的姓江的院长,要把我调到山西的高家庄……后天我就要走了!”

“什么? ……什么? ……把你调走?! ……那……那你的弟妹都还很小,我的身体很不好,家里怎么办?”

四岁的小妹妹一直在旁边看着,听着,当时跑过来紧紧地抱着我的腿,哭着说:“姐姐,你不能走! ……我不要你走! ……”

妈妈和小妹妹一起哭起来。

晚上,我到了张医生的宿舍。进门一看,只见他坐在床边正低头深思。

见我进来,他还坐在床边未动。我一头扑过去,在他的怀里大哭起来。

“这……这是怎么回事啊?”

他把我扶着坐在一把椅子上。

他说:“我各处问了一下,说法大体一致,就是你的出身问题。院领导对于是否调走你,意见不一致,但拗不过江院长的决定。”

我说:“咱们怎么办? 是暂别,还是永别?”

我的眼泪又如泉涌。

他拍拍我的肩膀说:“不要这样说……不要……我好好想

想……看看能有什么办法挽回……”

他没有再说话。

我的心情十分沉重,脑子里一片杂乱,也不知说什么。

两人沉默了一阵,我推门走了。

……

告别了同事,告别了正患病卧床不起的母亲和年幼的弟妹,第四天我带着一床薄被和几件衣服所裹成的简单行李上路了,张医生把我送到了火车站。

这是在1954年12月,我十八岁。当时,正值寒冬腊月。山西高家庄在哪儿?怎么走?我一片茫然。

通过各方面打听、了解,我才知道先要坐火车到河北邯郸,然后再坐汽车到长治。

我去买到邯郸的火车票时,因为人多,已经没有坐票了,只能买张站票。在火车上站了二十多个小时,我腰酸背疼,两脚麻木,疲惫不堪。午夜时分,终于到达了邯郸。

随着人流,我慢慢地走出了火车站。

我的面前一片陌生,寒风刺骨。从来没有单独出过远门的我,全然不知该怎么办。一片茫然的我,站在火车站的门前不敢走动。不一会儿,只见两个本地人操着浓厚的方言,连连说:“你去住我们的旅馆,走,走!”接着,不由分说就连拉带拽把我带走了。

大约十分钟,他们把我带到了一处低矮、阴暗的房子里,接着领我到了一间小屋子里。我进门一看,屋内只有一个破土炕,上面放着一床乌黑肮脏的破被子。再看四周,几块旧木板糊上一层旧报纸,就是墙壁了!

这就是旅馆了吗?! 更让我吃惊的是,在“墙壁”那边的屋里不时地传来一阵阵男人喧闹的杂音。好可怕啊!

我六神无主,心慌意乱,怎么办? 不住在这里,可我人地生疏;住下来,可这是个什么鬼地方? 在一阵发怔之后,我紧捂着嘴痛哭起来。我这不是被发配、充军了吗?

不知道过了多长时间,我渐渐地平静了下来,可以整理自己混乱的思绪了。开始我在想:这是否在走向绝路呢? 可我才十八岁啊! 此时,我在十五岁时确立的座右铭清晰地浮现在脑子里:“出身不能选择,但是人生之路完全可由自己掌握。”是呀,只要把悲伤、失望、迷惑,像抖掉衣服上的尘土一样一一抖落干净,满怀希望,充满自信去寻找道路,就必然会为自己打开一条柳暗花明的通道。

这样,我的内心深处立刻涌动出一股澎湃的激情和强劲的进取力量。我告诫自己:不要惊慌,不要害怕,鼓起勇气,往前走,不停地往前走!

第二天早晨,我问清了路,就去汽车站买通往长治的票。可是,当天的票已经卖完,我只能买第二天的票。这就是说,我还要在那个“旅馆”再熬一天,这使我很怵头,但是,我又告诫自己:住就住,什么也不怕!

转天,我带着行李一早就去汽车站等车。大约过了一小时,只见从远处开来一辆敞篷的大货车。等车的人立时纷纷向大货车走去,我不明就里,没有动。当时,一位在我后面的乘客,一面走一面对我说:“你是不是也去长治?”我说:“是。”那位乘客关切地说:“还不快走! 就坐这个车。”我一听就惊呆了:寒冬腊月走长途,就坐这样的大货车?! 可是,见乘客们都上了车,已容不得我惊诧和询问了,就急忙地跟着上了车。车上没有座位,大家都在货车下端的铁板上坐下,我也跟着坐在冰凉的铁板上。不一会儿,车就开走了。

零下十几度的低温,本来就寒气逼人。大货车一开动,阵阵刺骨的寒风迎面吹来,我冻得全身直哆嗦。车只是刚刚开动,就这样难耐,漫漫的全程,尤其是还要昼夜兼行,能挺过去吗?当时,我只有告诫自己:挺得过去,挺得过去!这样一鼓劲,顿时我感到内心升出一股暖暖的气流,十分舒坦。车继续向前开着……

到了傍晚时分,车突然刹住了,大家一惊,连忙探询。当时只见司机从车上走下来,他大声对乘客们说:“车坏了,要停下修理,什么时候能修好,不好说,大家都下来等着吧。”

一听他这样说,人们只好都下了车,我也跟着下来了。坐在冰凉的铁板上时间久了,突然下来,我只觉双腿麻木,抬不起来。我一面活动双腿,一面四处张望。只见周围一片荒凉,见不到一间房子,也看不到一个人。我们无处可去,找不到卖食品的商店,更找不到取暖的地方,只有跺着脚,伸出手臂不停地活动……就这样挨了四个多小时,汽车还未修好。当时,天已经完全黑了下来。乘客们一个个焦急难耐,怨声四起。

又过了大约一小时,司机终于宣布:“车修好了,上去吧。”

大家又坐到冰冷的铁板上。当时,天一片漆黑,寒风更是逼人。因为从南方过来,我穿的棉衣较薄,实在抗不住寒夜的侵袭。无奈之下,我只有打开行李,把那床唯一可以御寒的薄棉被拿了出来,从头到脚,把自己紧紧地裹了起来。一开始,我觉得稍稍暖和一点,可是,随着寒夜的降临,裹着棉被也不行了,我冻得浑身发抖。十八年来,我从未经受过这样的严寒折磨啊！那离乡背井的苦楚,那不合情理、不明不白的突然调动,那孤独、受冻的难耐……一齐涌上心头。我有些支持不住了！当时,我内心深处存有的希望,像一股强大的推动力,一下子就战胜了迷茫和胆怯。我告诫自己:现在不是正在寻找人生之路的关键时刻吗？坚持住！一定坚持住！

我反复地念叨着这句话。不久,全身就不抖了。再过一段时间,我感到有些睡意,竟然眯了一阵……

四、难忘偏远的小山村高家庄

第二天的早晨,我终于来到了长治。我下车向周围一看,这哪里像个城市？坑洼不平的小土路、几处不连接的旧房子……我感到来到了一处偏僻的小城镇。

接着,又发愁到哪里去找高家庄疗养院？我又感到迷茫了。正在发呆的时候,和我坐同一辆货车,在路上曾攀谈过的一位机关干部,走到我的面前对我说:“你不是要去高家庄疗养院吗？我带你去找他们驻市的办事处。”听到了这句暖人心的话,我十分感动,连忙说:“谢谢！谢谢！”

由于有热心肠的人帮忙,我很快就和高家庄疗养院的人联系好了,他们让我在长治市住一晚上,第二天中午 11 点来接我。

第二天不到 11 点,高家庄来接我的人就到了办事处。经介绍,来接我的人叫段双龙(以后,虽然我离开了高家庄,但因为友情深厚,几十年来我们一直保持联系。他前几年不幸因病去世。可他的外孙女却因为我在天津,大学毕业之后,就到天津应聘,在一所中学任教)。我抬头一看,是个十分纯朴、和善的小伙子。他对我说:"我一大早就赶着来了,得快些走,不然天黑前到不了。"我一听就很不解,心里想:坐汽车还要好几个小时,路这么远?随即我跟他到了门口。出门一看,只见等着的不是我预先设想的小汽车,而是一辆小马车。当时,我脱口而出:"啊!是小马车?"段双龙一听连忙说:"实在对不起!疗养院明年才能用预算购买一辆吉普车,现在只能坐马车。"

我们坐上马车就出发了。马车走得很慢,而且,由于土路崎岖不平,一路颠簸,加上天气仍十分寒冷,坐在马车上,还是极为难耐。所幸段双龙一路对我关怀备至,把一件棉大衣盖在我的腿上,又不停地向我介绍山西、长治、高家庄和疗养院的各种情况,使我不感到寂寞。

大约下午4点,我们到了高家庄。一进村,抬眼一望,眼前呈现出一片典型的偏远农村的景象:稀稀落落、泥土垒成的没有窗户的矮小屋子,高低不平的小土道,衣着褴褛的农民在小土路上走着……

看到此情景,我不解地问:"高家庄怎么这样穷?"段双龙答道:"还有一些情况你一时还看不到呢。这里十分缺水,只有在几十深米的深井里打出够吃的水,用的水只能靠下雨积存。所以,这里的人大多一辈子只能洗三次澡:生下来一次,结婚时一次,死时一次。还有,这里的人一年到头,只有过年,才能吃点白面,平常只能吃各种粗粮。"

我疑惑地问:"那为什么疗养院要建在这里呢?"段双龙回答道:"就是因为这里有两排以前外国教会建的西式楼房,环境很好。"

我们很快就到了疗养院的门口，只见门口站着几个人，段双龙对我说："你快看！院长和几个同事在等着你呢！"这是我没想到的，于是我就想快点从车上跳下来，但是，由于近几天连续奔波，加上气候寒冷，我的两条腿动不了了。我用尽力气想站起来，却怎么也站不起来。段双龙见此情景，就连忙想扶我起来，但他一人不行，门口的人一看，就都走了过来想扶我，大家七手八脚把我抬了下来，架着我往门内走。当时，我被感动得满眼是泪，一瘸一拐地走到食堂。只见几个厨师迎了过来，其中有位上了年纪、和蔼可亲的厨师，拉着我说："快到灶台上坐着去，那里最暖和！"又有一位厨师急忙搬来一个小板凳，放到灶台上，两人一起扶着我，把我抬上灶台坐下。我顿时就感到浑身热乎乎的，而我的泪也一直没有止住。多好的人啊！（以后和同事们相熟了之后，大家开玩笑地说："我们知道将要从南京来一名营养护士，都等着看看是什么样子，没想到竟来个瘸子！"）

休整了几天之后，我正式到新的岗位上上班。

虽然在南京所遭遇到的种种打击和痛苦，还深深地埋在心里，情绪时有波动，但是，内心的希望之火所派生出来的理智，使我很快平静了下来。和在南京一样，我满腔热情、全力以赴地做着营养护士的工作。时间不长，我就得到了院领导、同事们和患者的肯定。为此我心安神定，十分踏实。

可是，就在此时，却发生了一件令我万分痛苦的事，那就是与我相恋的张大夫和我分手了！

由于调动发生得太过突然，我和张医生的事，在当时极短的两三天之内，只是万般痛苦，根本来不及细想。我曾到他的宿舍里去过一次，也没说几句话。只是临别之际，他到火车站送我的时候，我们才得以叙说一些离愁别绪。

当时我是在毫无思想准备、情绪极端混乱之时突然离去的，而且，到一个完全陌生的小山村，会是何种情况，我一片茫然。所以，我心里只是觉得和他难分难舍，别的话我什么也没说。而他却比较清醒，一再鼓励我并表示一定会继续交往，要等着我。当时，他的话对心乱如麻的我，无疑是一种带有温暖的慰藉，我深记于心。

我刚到高家庄时，就给他写过信，抒写了离别之苦。他也给我回过信，同样也是表达了思念之情。可是后来就杳无音信了。

为此，我十分惦念、焦急，连续给他写信，甚至还发了三封挂号信，但他依然没有回信。在无可奈何之下，我就把给他写的信，寄到家里去，让我的大妹妹到疗养院当面交给他。这样，过了大约两星期，我终于接到了他的来信。我一看就立即撕开信封，只见信纸上，只写了两句话："院领导不许我们再继续交往，我不得不服从。"

这犹如当头一棒，难以忍受的疼痛深深地刺伤了我的内心。

我究竟犯了什么大错？竟然如此无情、连续、重重地打击我？不解、委屈、痛楚……一起涌上心头。一时间，我快要支撑不住了。

张大夫为什么变得这么快？是迫于压力，还是变了心？或者两者皆有？我也想不清楚。

两天之后，慈祥的护士长甄达林来找我，他拉着我的手亲切地说："亚芬，跟我来，我有话对你说。"

我一语未发，跟着他到了护士长办公室。进去后我们就一起坐下来。他用诚挚的目光注视着我,关注地说:“亚芬,这两天怎么啦?不论出了什么解决不了的问题,你都说出来,我听听。”

他这一提,我心里的苦一下子都翻腾了出来,难以控制,就情不自禁地大哭起来。他没说什么话,静静地在听着我哭,但两手却紧紧地握住了我的手……

待平静下来以后,我就把心里压着的苦都吐露了出来,护士长专注地听着。待我说完之后,他轻声细语地说:“是的,你的遭遇很苦,而且也不公平。可是,人生的路很长,不可能都一路顺风,平坦畅通。坑坑洼洼、崎岖险道、高山峻岭、急流险滩都可能遇到。所以,你要直面困难、曲折和委屈,摆脱和战胜它。坚强自信,心怀希望,自强不息地走自己的路。我相信你,院里所有的同事都相信你,相信你一定会很快走出困境,更积极地做好工作。”

护士长语重心长的一番话,像春风一样,扫掉了压在我心中的雾霾,我轻松了许多。那心中冷却了的希望之火又旺盛地燃烧起来。是的,我不能萎靡不振、软弱消沉!我要抬起头来,挺直腰杆!坚定不移地走自己的路!

随着时间的推移,我不仅工作更显成效,而且还热心于社会工作,搞宣传、出墙报、帮助有困难的同事……1956 年 3 月,我光荣地加入了共青团。

此外,使我铭刻于心的是从我来到高家庄之后,同事们就始终不渝地帮助我、照顾我,对我都很关切、友善。例如刚到高家庄时,天气奇冷,我只有一床薄被,不能御寒,同室的一位同事,在我就寝后,就悄悄地给我加上一床被子。我顿时身上、心中都感到暖暖的。例如，在食堂吃饭，山西的菜都放很多醋，连稀饭里也放醋，我一时不习惯，有时吃得很少。有同事发现了，就把我拉到她家里去吃。又例如，山西方言有的我听不懂，就有同事仔细地帮助我熟悉方言。再例如，疗养院的几位大夫，对我都很好，常常主动和我商量，怎样更好地为有特殊疾病的患者配餐。其中两位年长的大夫，像父辈一样关照着我。那种山西人特有的质朴、实诚、热忱常常使我感觉到十分温暖，好像生活在亲人之中，不再有离乡之苦。

我在高家庄疗养院营养室门前留影

高家庄疗养院虽然地处穷乡僻壤，并且各方面的条件都很差，但是我却深深地爱着这里的人和物。

虽然我只在那里待了短短的一年半，但是那里的一切我终生难忘。

自 1956 年 8 月我离开高家庄疗养院，至今已有五十八年了，但是却一直与他们保持着通讯联系。每年春节，我都要给那里的几个好友打电话拜年。2005 年我还怀着兴奋、激动的心情像回归故里一样回到那里。我一路乘着特快火车飞速到达了长治，来到长治市住进星级宾馆之后，我急切地走出大门，找了一辆出租车坐了上去。我嘱咐司机，开得越慢越好，为的是浏览市容、追忆往事。

坐在汽车上，我透过敞开的车窗，放眼望去。啊！再也见不到那辆载人而要把人冻僵的大货车，这自不待言。当初，那坑洼不平的小土路，也不见踪影。在我面前的是林立的高楼大厦，是宽敞笔直的柏油马路和繁华、兴旺的街面。好一个现代化的城市！这和过去相比，真是天壤之别。

接着，我和相约的十几位老同事欢聚一堂，而且就在当天下午，他们开着四辆小轿车，用了不到四十分钟，把我送到高家庄疗养院，说是让我去故里怀怀旧。

一进大门，我抬头望去，那两排西式教堂大楼，虽然显得有些沧桑，但总体没有什么大的变化。想着自己曾在这里度过一段不寻常的岁月，我不禁百感交集，热泪盈眶。这里早已不是疗养院了，而是改成了精神病医院。

我们在院内转了转。当走到楼房旁边的一间平房时，我大声喊道："这是我的办公室！"大家一听，一齐拥了过来。只见这间房子已很破旧，门上紧紧地锁了一把大铁锁，我想进去看看，就在门口转来转去，不舍离去。一位老同事正好利用这个空隙，赶快给我拍了一张照片。

此时，过来一位职工，他见我们在这里转来转去，很感奇怪，就走上前来问了问，当他得知原委之后，就快步拿来钥匙打开了门。

原来这间屋已变成仓库了，而门里还堵放了一堆砖。见此情景，我感慨万端，禁不住又掉下了泪，并用双手紧握当时锁门用过的一条生了锈的铁链不放，同事们也都默然不语。为了表示对我的理解和关心，那位职工急忙拿来一把钳子，把那个铁链子迅速卸了下来,双手捧给我说:“送给你做个纪念!”我接了过来,紧紧地握着他的手,激动万分地说:“谢谢!谢谢!”

这条生了锈的铁链子,我至今还珍藏着。

第二章　1956 年我圆了大学之梦

从一个只念到初中二年级的失学者，到迈入高等学府的大学生，这在人生道路上，无疑是个飞跃。但是，这绝不意味着已经到了顶层。相反，学无止境。高层次的提升会促使我在前进的道路上，迈出更快、更大的步子……

在特定的时代，面对各种乱象，要学会思考。

思考可以给人以启示，是思想深度以及认知能力、分辨力的深化。

因此，只要善于思考，面对光怪陆离、匪夷所思的见闻和经历，都会得到正确的结论，还可融化内心世界存有的杂质。

一、机遇和刻苦自学使我考上了大学

我十三岁失学之后，求知欲望一直很强，在得知自己没有条件复学之后，就下定决心自学。十五岁上班之后，虽然因为三班倒，上夜校无法全勤，但我也坚持读书。听不了的课，我就自学补上。来到高家庄之后，周围没有任何学校，学习上如有疑问，也找不到老师去问，只有完全自学。尽管如此困难，我也从没有中断过学习。

1955 年 6 月 21 日，我从《人民日报》里看到了《国务院发出关于在职干部报考高等学校的通知》的报道，言明当年以及之后,由于大学扩招,高中生源不足,高考招生会出现一定难度,为此,国务院决定在职干部中有条件报考高等学校的,都可报考。看到这篇文章,我大喜过望,脑子里顿时出现了一个强烈的念头:考大学!

考大学!紧跟着希望之火也在我的心里点燃!为此,我激动得难以自抑。可是,我又转念想来:我才有初中二年级的文化程度。而且,初二才上了两个月,这能考大学吗?但我又接着想:自己不是一直在不断地自学吗?难道没有提高吗?有!肯定有!一定有!接着,我立即给在上海工作的哥哥发了一封快信,要他尽快地给我寄来有关高考复习的资料及高中各科的教科书。

不久,哥哥就把书给我全寄来了。我如获至宝,急忙打开捧读。

从此,我就给自己定下了一个奋斗目标:1956 年一定考上大学!

实现这个奋斗目标谈何容易!首先,我天天都要上班,忙于工作,没有充裕的时间攻读,再者,是没有辅导老师。但我坚信,只要自己坚定信心,不懈努力,就没有克服不了的困难!

就这样,从 1955 年夏季开始,我就为参加高考而紧张准备。

为了坚定自己的信心,一天晚上,我独自一人在办公室里,紧锁房门,拿出准备好的大铁针,按事前设想的办法,在接近膝盖的左大腿上,拿着大铁针,一针又一针地往皮肤上扎下去,为的是在腿上扎出两个字——"用功",以鞭策自己。每一针扎进去,都会引起一阵剧烈的疼痛,而且还不断地流出血来。这岂不是在自找苦吃?可这不是在催生和激励出苦读的自信和毅力吗？时间不长，“用功”二字就在大腿上血肉模糊地出现了。

这是一个刻在心里的印记……

每天，在工作之后，我就把自己关在办公室内伏案攻读，直到深夜。星期日全天我也放不下书本。不久，一些细心的同事就发现了我的异常，有人就问我：“你藏到哪去了？”对此，我只好含糊其辞，随便编些理由搪塞过去。

1956 年的 4 月初，教育部公布了当年高校招生计划及报考的有关规定。我从报纸上看到了这盼望已久的信息，激动万分，双手发抖，紧紧地捧着报纸，不舍撒手。我忙不迭地跑到院长室去找院长。

进了门我就声音发颤地说：“邵院长，我……我……我想考大学！”邵院长一听，用诧异的眼光端详我许久说：“什么？要考大学？在这儿干得好好的，大家反映都不错，为什么要走？我不同意。”

听院长这样说，像是一盆冷水泼下来，透心冰凉，我连忙说：“邵院长，我……”邵院长阻止我再说下去：“不要说了，回去吧。”

我思绪混乱、沮丧至极……难道前功尽弃了吗？难道希望破灭了吗？我该怎么办呢？当晚，我彻夜未眠，一筹莫展……就这样，我挨到第四天。中午饭后，我无精打采地路过资料室，走了进去，漫无目的地翻着桌上 4 月 9 日的《人民日报》。

翻着，翻着，我突然在报上的第 7 版看到了一篇《答读者问》的文章。上面醒目地写着“要支持在职干部报考大学”，我眼睛一亮，立刻仔细地看下去。原来这是一篇针对各工作单位的领导写的。

（附:原文摘录:“党号召青年向科学进军。在职干部应该首先积极响应党的号召,打破种种顾虑去掌握科学知识和先进技术,加速社会主义的进程。因此,凡具有升学条件的干部,要求升学是完全应该的。那种认为要求升学就是‘个人主义’的看法是极不正确的。很多单位都能考虑到国家的整体利益,选送一批合格的干部入学,但是,也有不少单位对要求升学的干部采取拖延、冷淡的态度,甚至加以讽刺、打击。这是非常错误的。这些单位往往以工作需要为理由不让干部报考高等学校。工作需要也是有可能的,但是,只要改进工作方法,提高工作效率,克服保守思想,发挥潜在力量,那么抽出那些具有升学条件的干部去学习也还是可以的。在职干部积极要求学习,这是一种可贵的热情,是一种进取精神的表现。领导方面应该积极地加以鼓励和支持。”)

看完这篇报道,我狂喜不已。这不是在救我吗?

我拿着这张报纸,快步走到院长室,连门都顾不上敲,急忙推门而进。只见邵院长正端坐在椅子上。我连连说:“邵院长……邵院长!您快看看《人民日报》的这篇文章!”

我把报纸放到他的办公桌上正面摆好,以便他一眼就可看到。

他一见报纸就低头看着。我紧张地站着,就像等待宣判一样。

邵院长看得很仔细,看完之后,又在思索……我又等了一阵。只听邵院长说:“好吧,我同意你去考大学。”

我一听他这话,就急不可待地问:“真的?您真的同意我去考大学吗?”

邵院长点了点头，而且还说："你要先把工作安排好，积极备考，刻苦钻研。"

我万分激动地走到他的跟前，伸出双手紧紧地握住他的手，然后，又给他深深地鞠个 90 度的躬，并连连说："谢谢邵院长……谢谢邵院长！"

我走出院长室的门，真想大声呼喊："我能考大学了！我能考大学了！"可一看周围静谧的环境，我连忙紧捂着嘴，快步地跑了出去。

《人民日报》上的这篇文章，对我的人生之路起着极为关键的作用，我永远牢记着。

我要考大学的事，很快传遍了全院。舆论上大致分为两种：一种是支持，认为我有志向；一种是不理解，认为一个只有初中文化水平的人，怎么能考上大学？而前一种占大多数。这对我是一种鼓励，也是一种力量。

考期将近，我废寝忘食，争分夺秒地备考。

七月份考期终于来临，我请了三天假，到长治去应考。

我深刻地意识到，这个日子对我是多么重要！所以，我告诫自己：希望之火一定要在内心旺盛地燃烧，一定要控制好情绪，要沉着镇静，不要紧张、不要粗心。

这种告诫十分有效。虽然没有任何亲友陪伴和照料，一切都由自己处理，但我是怀着十足的信心，保持着良好的情绪走进考场的，这是因为我的内心深处怀有希望。

三天的考试顺利地完成了。事后，没有像现在这样，立即公布考试科目的标准答案，也没有介绍全国各招考大学情况的宣传和填写报考志愿的咨询活动，只是按招生办公室公布的招考学校的名单，限时填写志愿，然后就让考生回去等待录取通知。

虽然没有标准答案，但考完之后，我心里大致上还是有点数的。因为，能答出来的，我都答了；答不出来的不太多。但是，报考的考生有多少，录取的比例怎样，我是不知道的，所以，能否考上，我是没有数的。为此，等待录取通知的那些日子里，我急切期盼，而又忐忑不安。

一天中午，我正在厨房和厨师一起在配病人的营养餐的时候，只见如父辈般的郭大夫急匆匆地走进来，直奔到我的身边。

他一手拉着我的手，一手拿着一封信，用力地拍打我的头，大声地连连说："快看！快看！录取通知书！录取通知书！"我一时没有反应过来，呆呆地看着他。他又用力地拍着我的头："亚芬，快点看！快点看！"

跟着，他就撕开了那封信，和我一起看。啊！果真是大学录取通知书！上面写着："吴亚芬同学：通过审查，你被我校中文系本科录取，定于9月1号到校报到。"下款是"天津师范学院（后更名为天津师范大学，1960年初，又更名为河北大学）"。

我被大学录取了！我要上天津师范学院了！我的希望实现了！我上大学的梦想成真了！

我激动地紧紧拉着郭大夫的手，喜极而泣……

师傅们也围了过来，向我表示祝贺。

1956年8月28日那一天，我告别了山西长治高家庄疗养院，前去天津师范学院报到。那是我终生难忘的日子，是我人生之路重大的转折点和新的起点。

那一年，我二十岁。

二、大学一年级是求知的黄金时期

1956年8月30日，我怀着无比喜悦的心情到达了天津。出了车站，我就听到一阵锣鼓声音，彩旗飘动、欢声笑语，热闹非凡。我仔细一看，原来是各个高校迎新队伍都高悬大幅标语："欢迎新生来校报到！"

此情此景，使我对这个从未来过的大城市，丝毫没有陌生感，反而倍感兴奋、亲切。我很快就找到了天津师范学院的接站处。那里大约有十多位师兄、师姐在等待着新生的到来。他们一看见我，就一齐跑过来围着我，大声地说："欢迎！欢迎！"有拉着我的，有抢着搬行李的。接着，很快就把我带到了校车里面。我进去一看，座位上已经坐着七八个新生在等候。大家一见，就如同看到老朋友一般亲热，安排我坐好。

大约过了一小时，校车基本上坐满了新生，就出发了。

在途中，我目不转睛地看着两边的景色。啊！天津不愧为全国知名的大城市，气派、繁华，各式大楼都别具特色。时间不长，校车就拐到路边竖立写有"马场道"牌子的一条马路，继续往前走。

只听领队的一位师兄大声说道："同学们，这条'马场道'是天津著名的'五大道'之一，咱们学校就在前面。咱们学校的历史可以追溯到1921年，当年就在这里创办了一所教会学校——工商大学。1948年扩建更名为津沽大学。1952年，根据国家经济建设的需要，改建为咱们天津师范学院。所以，咱们学校可以说是个老校，有着几十年的校史。"

过了不到五分钟，师兄大声说道："同学们，你们快看，右边就是咱们学校！"我们都目不转睛地盯着看，看到写有"天津师范学院"校牌的校门了！

啊！我要进入梦寐以求的大学校门了！顿时，我心潮澎湃，激动不已！

校车进了校门之后，我抬眼一看，只见校门内的右方，矗立着一座大楼，造型优美，独具一格，壮观而坚固。大楼屋顶下面的墙上镶嵌着一个大钟，时针指向准确，十分醒目。啊！好气派呀！（后来我得知这是一座法国风格的建筑。建于1925年，名为大钟楼。我们学校把它定为第一教学楼，是学校的象征。1976年的唐山大地震，也波及天津，房屋倒塌，人员死伤也很严重，但这座楼却纹丝不动、完整无缺。直到现在，它仍完好地矗立着，大钟的时针仍然分秒不差地运转着。这里早已改为天津外国语大学的校址了。可是我每路过此处时，必定要抬头看一看那个分秒不差在运转的大钟，而且不由得缅怀起那最可纪念的学生时代的生活。）

校车在离校门不远处停了下来。这里也如车站接站处一样，锣鼓齐鸣，彩旗飘扬，许多师兄、师姐聚集在一起，迎接新生。

我们下了车之后，分别找到了各系的接待处。正在我走向中文系的接待处时，就过来了三四位高年级的同学，热情地拉着我走过来，帮助我办理各项手续。

事毕，有两位大师姐对我说："走，我们带你去宿舍。"

走了大约八九分钟，就到了一座二层楼房前，门前挂着"五号楼"的牌子。大师姐对我说："这座楼就是你们一年级的女生宿舍。"

她们把我领进了一间宿舍，只见里面整齐地放着四张上下床，但是不见有人。师姐把我的行李放下，对我说："你来得早了一些，现在房子空着。为了怕你生疏，不方便，今天你就到我们宿舍先住着，正好我们那里空着一张床。"

她们一边说，一边就拥着我一起往外走。

到了她们宿舍，还没进门，就听到里面一片欢声笑语。我一进门，她们就齐声喊道："欢迎！欢迎！"这样浓烈的气氛，使我深深感到，这哪里像新生到陌生的学校来报到，而是回到了家！

接着，她们向我介绍了学校各方面的情况。该吃午饭了，她们就带着我一起去了食堂。晚上，又带着我去附近繁华的小白楼看了一场电影。

校篮球队在校门口合影，我紧靠校牌左侧

历经了千辛万苦，终于如愿地考上了大学，这当然对我是个特大喜事。所以，从收到录取通知书到来校报到，我就一直沉浸在喜悦之中，这是人之常情。但是，已经入学了，就不能一味地如此了。大学四年正是求学最重要、最关键的黄金时期，也是我要再迈出新的一步的开端，路如何走，大学生活如何度过，都是需要认真而细致地思索和考虑的。这对我来说，是现阶段最重要的事。

经过深思熟虑之后，我给自己定下了在学期间的目标和行动准则：

作为学生，应当如何做，只用一个字即可概括：那就是

“学”。所以，我就应当学习、学习、再学习。为此，就要做到以下几点：

1. 在学习上要专心致志、心无旁骛、刻苦钻研、全力以赴。

2. 求知是无尽头的，不可满足、不可停顿、不可松懈。

3. 除认真学好各科专业课之外，还要大量阅读有关的课外书籍。

我这样想了，就要付诸行动。所以，开课之后，我的精神面貌特别好，加之系里给我们安排的课非常科学、全面，并且把几位经验丰富的老教授安排给我们上课。例如全国著名的顾随教授，及资深的黄绮、高熙曾、韩文佑、雷石榆、裴学海教授等。因此，班里的学习气氛特别浓烈，同学们都很认真、如饥似渴地刻苦攻读各门课程。

老师们授课各有特点，别具一格。如顾随教授、高熙曾教授，在讲解古代诗词时，常常情不自禁、抑扬顿挫地吟诵所讲的诗词，强烈地感染着我们。此外，在系主任的精心安排下，我们和南开大学的同学一起参加了著名作家老舍的专题讲座，聆听了他内容丰富、生动感人的讲话。他引述了自己许多曲折、艰难的经历，抒发强烈的爱国情怀，还列举了许多我们闻所未闻的海外见闻，介绍自己的海外生活，等等。一直到现在，五十多年了，每每想起，仍然感到熟悉、亲切而可贵。一年级时给我们上课的老师，他们的音容笑貌、讲课特点，还历历在目，栩栩如生，清晰地浮现在脑子里。我和同学们一起愉快、紧张而充实。

一年级全年的学习生活，很快就结束了，这对我们来说，也是最有收获的一年，是最宝贵的黄金阶段。

可是，好景不长，随着全国形势的变化，我们无法继续踏踏实实地伏案读书了！

三、光怪陆离匪夷所思的见闻和经历

1957 年升入二年级时，我们就被卷入了“反右派运动”之中。

开始说是要帮助党整风，给党员提意见，大家还不太在意，动静不大。可时间不长，校园里就渐渐不安宁了，满墙都贴着小字报、大字报，有的是给一些校、系领导提意见的。例如，我当时看到一份大字报是给当时校党委的鲁副书记提意见的，说他对其母不尽孝道。还有是给党员教师提意见的。例如，数学系一位党员教师上课常常迟到，也上了大字报。没过几天，听说从北京大学来了几个学生，是来为帮助党整风煽风点火的。大家或出于好奇，或出于新鲜，都十分关注，校园里顿时热闹起来，尤其是当天晚上，他们其中的一个男生，名字叫谭天荣，在大礼堂里慷慨激昂地发表演说，像点了一把火一样，把气氛烘托起来。之后，满校园三五成群地聚集许多同学，议论纷纷，商量如何行动，或激烈争论，辩驳不休。

此时，同学们都无心上课。我们班上就有几位同学一起商量要给本班的党员提意见，而这也是整风运动所安排、所要求的。这个阶段时间不长，矛头很快就指向思想活跃，敢于发表意见的同学，而且火药味越来越浓烈。班里不断有各种争辩会，不同意见的同学双方对峙，各不相让，甚至大吵起来。

很快党支部就全盘掌控，组织同学有目标地批判班内几个活跃分子，上纲上线，说他们否定党的领导，攻击党员，反党反社会主义。

在此期间,我只想多读些书,不太注意这些事情,可是,当得知了这个结论之后,感到十分惊奇。一些活跃分子,只不过给党员提一些联系同学不够,不平易近人,清高、不谦虚等意见,怎么就是反党了呢?可是,当时气氛十分紧张,我不敢说,只有憋在心里。

又过了一段时间,班里的党支部书记代表校方,十分严肃地向全班同学们宣布:班内的九名同学被定为右派分子,而且即刻停课,到边远农村劳动教养!我一听惊愕不已,怎么?他们再也上不了学了!要去劳教了!他们都很年轻,其中一个才十八岁呀!一时间,我的脑子思绪十分混乱,难以自抑。

读四年级时,传来一个消息:右派中的一位姓周的同学,因为经不住劳教中的磨难死去了。

我们毕业三十多年之后,在一次聚会时,见到了两位被划为右派的同学。他们苍老而疲弱,听到他们叙述劳教时的种种难以承受的苦难和精神压力,我和一些同学都难以自控地流下了眼泪。

"反右派运动"结束,已经是1958年中期了,也是我们二年级下学期就要结束的时候了。大家的情绪仍处于躁动之中。这时,校领导又动员全校师生全力投入"大跃进"运动。

领导指示的"大跃进"就是贯彻"鼓足干劲、力争上游、多快好省地建设社会主义"的总路线。大家认为,这是很好的事呀,可我们学生能做些什么呢?

后来又听说"大跃进"首先就要大炼钢铁。既然是这样,那我们就要赶快付诸行动呀!但怎么行动呢?

班长就对大家说："咱们想办法先支个大铁锅，然后去找煤炭、柴火，再到各处去找废铁，用水烧起来，不就能炼铁了吗？"

大家一听齐声说："对，对！说干就干！"

几个男生商量一会儿就说："我们去找大铁锅。"

一个女生大声说："家在天津的同学都回家去拿些铁具。"

班长说："咱们排好班，日夜奋战！"

我们群情激奋，摩拳擦掌，就要大干一场！

我家不在天津，到哪里去找铁的东西呢？真犯难了。还有几个同学也站在一处，说着什么。我一看就凑了过去问："你们有什么难事吗？"他们就说："我们没有家，怎么办呢？"我赶忙说："大家都一样，咱们到外面去找废铁，怎么样？"

"好！好！说走就走！"几个同学齐声喊起来！

就这样，我们十几个人聚在一起，直往校外奔。

一路上，大家精神特别集中，都低着头弯着腰仔仔细细查看地上，只要是带铁的东西，如破铁桶、破铁铲子、破铁锤子等，甚至铁钉子都如获至宝，拾起来带走。

家在天津的同学们，回家之后，到处搜寻，把家中暂时不用、收起来的铁桶、铁罐等都拿走，甚至还偷偷地把做饭用的铁锅、铁勺、锅铲也拿走。

同学们分头忙了两天，大铁锅在教学大楼旁边的一块空地上，用砖头垫起来了，煤炭和柴火也找来许多，废铁堆了一大堆。一切都就绪了。

于是，在班长的安排下，我们班的"大炼钢铁"就开始了。

大家把找来的大大小小的废铁块放在锅内，加上满锅的水，把捡来的煤炭和柴火都塞到大铁锅底下烧起来，顿时浓烟滚滚，呛得我们咳嗽不止,直流眼泪。大约烧了一个小时,只见铁锅内的废铁渐渐地变成了像豆腐渣一样的东西,再烧下去,就成了一团一团的铁疙瘩。此时铁锅里的水已经烧干了,只好停了下来。

大家见此情景,都十分纳闷。我想:这就是钢吗?

班长见此尴尬局面,也不知道该怎么办了,只好说:"大家散了吧。"

第二天,不知是哪个同学找了一位在钢铁厂工作的师傅来看看。大家听说了,就都来到大铁锅旁听着。那位师傅在锅旁转了一圈看了看,就对大家说:"你们烧的这些铁疙瘩,什么用都没有,全是废物……炼钢是一项高难度、非常复杂的工业专有工程。首先要把铁放在特制的高温炼钢炉里炼,接着还要经过许多程序才能炼出钢来。哪能这样把废铁放在锅里煮?"

师傅说到这里,看看同学们,他发现个个都目瞪口呆,就不再说下去,遂改口说:"同学们热情可嘉,可嘉……"

我们的"大炼钢铁运动"就这样结束了。

除了煮了一些铁疙瘩这样的废物,使同学们记忆犹新的还有在挑灯"夜战"时,由于饥饿难耐,我们去学生食堂的仓库门前偷拿了许多生山芋,在"炼铁"的大锅下面烤熟了,大口吞咽,味道分外香甜。这是题外的一个富有兴味的小插曲。

为什么会出现如此胡闹的事?我在思考……

不久,为了要粮食成倍或几倍增产,学校又安排我们去农村参加农业劳动。

我们去的是东郊区新立村。

这可是全国大名鼎鼎的先进村,而且近期各种报刊正连篇累牍地报道其出奇的事迹——说是他们村的水稻能亩产 12

万斤!

出于好奇,我们都盼着立即前往看个究竟。

到村的第二天,生产队长没给我们安排干农活,而是去参观亩产 12 万斤的稻田。这正如我们所愿,所以,就高高兴兴地随行。

走到不远处,就见到许多人都围观一块稻田,我们就快步跑了过去。只见那块稻田上果然稻秆严丝合缝地紧紧贴着稻秆,密密麻麻长着快要成熟的稻子,而且,更不可思议的是稻穗上端竟坐着一个三四岁的小孩,他像坐在小板凳上一样,稳稳当当,一动不动。

我目不转睛地盯着稻田看个不停,稻子确实是从地上长出来的。我想假如稻田真能每亩产 12 万斤,那么,全国一年会增产多少大米呀!那数字不是太吓人了吗?这可能吗?我实在想不出答案。

同学们议论了一阵后,也都是一片茫然。

还没等我们回过神来,生产队长就说还要带我们去参观芦苇塘。

到了芦苇塘,他走到塘边下了水,指着成片的芦苇说:“我们今年用了一种新方法给芦苇施了肥,待到秋天,芦苇秆上就能长出稻穗,结出稻米。这样,稻子产量就会大大增长了。明年我们就提前到了共产主义社会了!”他喜笑颜开,乐不可支。

我们的思维跟不上他的奇特讲述,一时搞不清他在说些什么。

这一段记忆,已经在我的脑子里存留了五十多年,但却十分清晰。

不久,我们得知那亩产 12 万斤的奇闻完全是假造出来的。

新立村生产队把快成熟时几十亩稻秧,都移到一亩地中,并在地上安装电风扇不断吹风,以防止稻秧坏死。

为什么会出现如此弥天大谎?我在思考……

过了一段时间,学校又动员我们到工厂去搞技术更新。

对于各类工厂,我们是完全陌生的,搞技术革新,更是一窍不通!就这样去工厂,能干些什么?我们都一片茫然,可不去不行啊!

当时,超声波风靡一时,是工厂技术革新的重点。我们分别被分到了各个工厂去,我和几个同学去的是一家机械厂。到了工厂后,又被安排到了一个车间。车间主任见到我们后,就说:"欢迎你们的到来,听说你们是来搞技术革新的,而现在正是研究超声波技术的阶段,你们也参加进去。"

对超声波我们一无所知,什么都不懂,又不好意思问。怎么办呢?

想来想去,有一个同学突然说:"我听人说,超声波就像自行车的打气筒。"我们一听,就齐声说:"那咱们就去找打气筒。"

于是,我们就到处去找打气筒。找来找去,终于在一个存车处的角落里,发现了一个弃用的旧气筒,我们就如获至宝一般拿到了车间里去。在靠墙的一台机器边,把打气筒放在地上,然后又在墙上的电插座里插上一条电线,再把电线的另一端缠到打气筒上。

我们认为这就是超声波了。

现在回忆起这件十分荒唐的事,我们都感到羞愧难当。技术革新能这样胡搞吗?可是当时虽然工人师傅们都知道这是瞎胡闹,可这却是打着技术革新的牌子呀,所以,谁也不敢扔掉。这既可笑又很难堪。

为什么会发生如此难堪的事?我在思考……

不久,又发生了一件意想不到的怪事。一天早上,班长通知大家:“学校通知今天不上课了。为了响应‘除四害’的号召,都去找棍子到郊区打麻雀。”

打麻雀?为什么?麻雀不是有益的鸟吗?

听说这是响应“除四害”。

大家都去找棍子了,我来不及细想,也赶快去找。但找来找去,大小棍子都找不到了,我只好找了一把破扫帚跟着走了。

到了东郊区一块空场子上,班长喊道:“同学们散开,距离十米站一个人,站成一个大圆圈,拿好棍子,只要见到麻雀,就一边高声大喊:‘麻雀,麻雀不要跑!麻雀,麻雀不要跑!’”

同学们一听,立即散开站好,我一看,同学们手中哪里都拿着棍子?拿什么的都有,如像我一样拿着破扫帚的,或者拿着长树枝的、木头块的、破铁盆的……啊!只见一只麻雀飞过来了,大家一看就一边齐声大喊,一边拿着木棍、扫帚、树枝、破盆乱舞……吓得麻雀直往高空飞去。

就这样,我们折腾了一上午,一只麻雀也没有逮着,却口干舌燥,腰酸腿痛。

为什么会发生如此荒唐可笑的事,我在思考……

又过了不久,学校发出号召:全校学生要按“劳卫制”(全称是:劳动卫国体育制度)的要求,体育项目都要尽快达标,而且还要各班评比。

我是系体育委员,责无旁贷,立即就忙了起来。操场上也顿时喧闹起来，常常还在晚上灯火通明地一起夜战。

原以为全系达标得需要较长的时间，可是没想到，有的班不到一星期就都达标了。我没想到这样快，心里正有些疑惑，班体委带着两个会掐秒表的同学就来找我说：“咱们也要快！得给宋大姐想点办法。”

原来，班里的宋大姐已经三十多岁了，而且，体质也不好，体育课对她是最难的一门课了，常常成绩很差。这次搞劳卫制达标，对她是太难了。她的一百米短跑很慢，一般成绩的同学和她一起跑，别人折返跑了二百米都到了，而她一百米才跑到一半，所以，她要达到劳卫制的百米标准，是完全不可能的。

我一听，就接着说：“她跑得太慢，怎么办呢？”班体委神秘地说：“不要着急，别的班有办法，咱也有办法。”

接着，班里又组织了少数未达标的同学参加测试。结果，一个个都顺利地通过了，只剩下宋大姐一个人未达标了。为此，几个同学动员她再参加百米测试。她为难地说：“我实在不行啊。”负责掐表的两位同学鼓励她说：“这次准行，大姐放心吧！”宋大姐一听只好再跑一次。这时，许多同学都到了终点线等着看。

只听一声令下，宋大姐开始跑了。还是原来那样的速度，可是，当她一跑到终点，掐表的同学就高声喊道：“九秒七！打破了奥运会的百米世界纪录！”

这自然是掐表的同学玩的花招。

全操场的同学一听，都跟着凑热闹，几乎同时欢呼：“咱们学校出了奥运冠军了！可喜可贺！”

从此，宋大姐就有了一个绰号“奥运冠军”。

校园里为什么竟然会出现如此的闹剧？我在思考……

当时，社会上盛行的浮夸风竟如此大范围而轻而易举地吹到了高等学府。这对单纯、热情的大学生实在是一种亵渎。

这些在校园里发生的光怪陆离的事，充其量也只不过是社会上的一瞥。

除此之外，我们也参加了一些有益的劳动。如曾到咸水沽北马集、赵沽里农村去劳动，还参加了建校、修建尖山公园劳动，还曾经去部队学军，等等。我印象最深的是到塘沽去修建海河大坝和到西南楼去挖地沟。

我们去塘沽修建海河大坝时，正值寒冬腊月。我们的生活条件很差，住的地方是在马路上搭起的帐篷，没有床，我们只能把薄薄的床垫直接放到地上，夜里常被冰冷的地面冻醒而再也难以入眠。吃的是在路边垒起来的临时炉灶上做的，而且是在马路上迎风站着吃，饭吃到口中，已经完全凉了，我常常为此胃痛不止。

生活如此艰难，而修建海河大坝的劳动量又很大，这对二十岁上下的年轻学生来说，十分吃重，压力很大，但是，同学们热情很高，不怕吃苦，抢挑重担。

筑海河大坝需要大量的泥土填埋、垒砌，而泥土的来源是要从较远的地里不断挖出、运走。我们的任务就是不断地挖土、运土，而且没有任何自动化的机械，全凭人工。诸如用铁锨挖，用竹筐抬或挑等。唯一的一种半人工的机械，就是叫作轱辘马的车，它可以在特制的小铁轨上滑行，但必须要人去推。这样超重的体力活，我们每天一干就是八九个小时。有些个矮瘦弱的女生，拿不动铁锨铲土，就用两臂去抱湿泥。有些体格不壮的男生，抬着装满土的竹筐，没走多远，就累得摔倒在地……收工时，不论男生、女生一个个都累得直不起腰来，迈不开步，有些同学恨不得立刻趴在地上躺着。

我在女生中，身体是最好的。首先是个子高，体魄健壮，而且还是运动员，天天在运动场上练习（我是校篮球队队长，在校运动会上，还参加过三项全能的比赛，得过名次），所以，我很喜欢干活，专挑重活干，而且总和男生在一起干。如和他们一起抬装得满满泥土的大竹筐，他们跑，我也跟着跑。再如推轱辘马，女生是干不动的，可我却偏偏挤在男生中间跟着推。有一次，我和三个男生一起推着轱辘马往前跑，在下坡时，由于速度太快，我的鞋掉了，顾不得去检。又跑了一段，我的袜子掉了，也没有去捡。就这样，我赤着双脚一直跑到终点。两只脚直接踩在冰冷的泥土上，冻得我浑身哆嗦，可男生一看我是赤着脚跑来的，就齐声大笑，万般无奈，我也跟着傻笑。

就因为我这样干活，有同学就给我起了一个绰号叫“大哥”（不是我岁数大，而是举止完全不像一个女孩子），几十年过去了，我现在已经是奶奶辈的人了，可有些同学见了面仍然戏称我为“大哥”。

在紧张的高强度的劳动中，有时也有些小插曲，为我们的生活调解些气氛，增添一些乐趣。

一天，收工稍早一些，团支部就在从一个小学借用的一间教室里，组织了一个赛诗会，要大家当场就写出诗来，贴在墙上评比。此时，我们都十分困乏，很想休息，可是，团员们的组织观念都很强，加上对写诗也有兴趣，所以，就都写了起来。我想了想，前些日子，我曾和同学们去部队学军，留下了深刻印象，就决定写学军的感受。

经过评比，我所写的诗《练兵场上》，竟然获了奖，我很高兴，而且，不久还登在《天津日报》的副刊上。对此，我简直有点喜不自禁，从此写诗词的兴趣大增。

附：《练兵场上》一诗：

我的眼睛噙着泪水，
我的心在激烈地跳动。
怎么能够平静啊，
因为我当上了新兵！

虽然我没有穿上军装，
也没有住进部队的营房，
可是我却当上了战士。
站在鲜艳的党旗面前，
我庄严地宣誓：
"为党、为祖国、为人民贡献出自己的一切……"

朝霞还照射在我们的面孔，军号声就响彻天空。
操场上一列整齐的队伍，
迈着矫健的步伐，
喊着响亮的口令，
精神抖擞，目光炯炯。
那是谁啊？
——新战士在练兵！

修建海河大坝之后，又把我们拉到西南楼附近去挖地沟。地沟里的水浑浊不堪，而且，还散发着难闻的气味。班里安排男生下到沟里挖泥，女生在路面上抬挖出来的湿泥。看得出来，有些男生有些犯难，但又不能不下去，只好下去挖。我仍然和男生一样泡到沟里一起挖。地沟越挖越深，一周之后，我们就在齐腰深的水里泡着，十分吃力地用铁锹往上抛湿泥。这个活我们坚持干了十天。

这些劳动都是有益的，也使我们得到了锻炼，可是却占用了我们许多上课的时间。从二年级开始到三年级结束，因为频繁搞政治运动和参加劳动，我们虽然没有长时间地停课，可是短期停课，或者突然停课却屡见不鲜，所以，实事求是地讲，在这两年期间，我们的学业是荒废了。

……

随着搞运动，参加劳动，在校内又刮起一股反对、批判“白专道路”的旋风。

谁要是用功读书，钻研功课，谁就是走“白专道路”。这样一批，身为学生的我们都不敢沾书本了。

因为感到能考上大学，对我来说是极其可贵的，所以，从入学开始，我就一直抱定一个宗旨：刻苦读书。二、三年级由于参与过多的政治运动和各种劳动，荒废了学业，为此我感到很痛惜，但却不敢表露出来，只是见缝插针、偷偷摸摸地读些书。大批“白专道路”之后，想读书就更难了。谁都不敢在教室里堂而皇之地看书。有时，我只好用废纸包着一本鲁迅专著，找一个不常有人去的角落偷偷地看。有时，到了晚上，我就在僻静之处的路灯下面看一本古典诗词的书。

过了不久，为了把“白专”批深批透，系里办了一个“大批‘白专道路’展览会”，把一些爱读书的同学列为“白专”典型，公开展览了他们的藏书，而且把他们的书用了一种特殊的摆法以显示其“白专”的表现，即把专业书一本一本地摞得高高的，以显示其多；再把很少的几本政治书放在地上，以显示其少。我进去一看，突然产生了一种奇特的想法：以前，我总为没钱买自己深爱的书而感到遗憾，而到了此时此地，我却反而感到自己没钱买书，倒是一件很幸运的事了，不然，岂不是也成“白专”典型了吗？

批判“白专道路”的旋风在系领导的指引下，又刮到老师那儿去了。也就是说，有些同学们把矛头指向了任课教师。许多老师都受到了批判，而且倾向是哪位老师教学效果好，就受批最重。其中我记忆最深的是对韩文佑老师的批判。批判会他没有到场，但是，先后有十多个同学上台发言批他：说他在古典文学教学中，赞扬古人，轻视或否定今人；说他引导同学走“白专道路”云云。我当时心情很复杂。自韩文佑老师任课以来，我一直很欣赏他独具一格的教学风格，敬佩他的博学多闻。怎么现在却成为反面人物了呢？对此，我一时搞不清楚。

当然，现在再论此事，自然是冤枉了韩文佑老师。这位师长已过世多年，如他老人家九泉有知，我想说一声：“韩老师，我们都敬重您、怀念您！”

……

1959 年 9 月，我们升入四年级了。以前的两年多以来，批来斗去，无心上课。可就要毕业了，再这样下去，怎么去当老师？为此，同学们普遍都产生了强烈的求知欲，渴望安心、定心坐在教室里专心读书。再者,听说社会上又在搞“反右倾”运动,但说是重点在党、政、军、机关,一时波及不到大学。所以,大家都想好好上课,班上的学风就日益浓厚起来,我们终于像个学生了。

但仍然是好景不长,1959 年年底,“反右倾”的风刮到学校来了。

我们又频频地参加各种批判会,但积极性和过去相比,差了很多。可寒假之后,气氛大变。批判的矛头又开始指向了一些同学,尤其是来自农村的同学。原因是一些来自河南、山西、山东等地的同学,寒假期间都回了家,开学回来之后,讲了一些农村的情况。主要内容是农村太苦了,什么都缺,尤其是粮食,所以都吃不饱饭,十分凄惨。听到了这些话,同学们也很难过,并不由得想到了城市中的情况,粮食定量不足,常常吃不饱,各种物质缺乏,生活困难的情况,大家都是熟知的。所以,对报纸上常宣传的大好形势,就有些怀疑。

针对这些问题,系里向各班提出要有目标地组织批判会。于是,像前两年一样,又整天地开会,对说过农村吃不饱饭的同学予以批判。大家对这样的会不感兴趣,但又不得不参加。没有人发言,班干部就指定人讲。就这样,我们又卷进了“反右倾运动”中去了。

过了一段时间,批判会终于不开了,但班里 12 名受批判的同学虽然没有戴上“右倾机会主义分子”的帽子(据说是除了党、政、军、机关的干部犯了右倾的错要戴上右倾分子的帽子,学生不戴),却给予了“政治不及格”的处分。

当时受处分的同学和大家尚不清楚这个处分的轻重。但到了之后的毕业分配时，才知道这个处分的严重。因为，这些同学多数都没有被分配工作，而只是派回了原籍。

三十多年之后，我们到郑州聚会，见到了几位河南的同学才知道，被定为"政治不及格"的同学，在毕业时被派回河南老家后，根本就没给分配工作，而是在农村干农活，生活备受煎熬。许多年之后，才落实政策被分配了正式工作。大家一听，感慨万端。只因为讲了几句实话，竟然受了这么长时间的精神折磨！

1960 年 7 月，我们毕业了。当年我二十四岁。

回顾这四年的大学生活，我五味杂陈，心情十分复杂。

我历经千辛万苦，考上了大学，使自己走上了新的人生之路。这对我的一生是极为关键而重要的转折点。原想着进了大学，我就应该一心一意、全力以赴地读书。可是，万万没有想到，四年中荒废了太多的学业，大部分宝贵的时间，都被卷入了一连串的、没有休止的各种政治运动中去。

毕业时在校门口合影，我在中间

20 世纪五六十年代我们所经历的各种光怪陆离、匪夷所思的政治运动，都早已由中央做出了正确的结论，国人共知，此处不需赘述。可我们所经历的事太多了、太杂了，风风雨雨、起落变幻、困惑迷惘……而且这些情况却又是在我们单纯、幼稚，分辨和认知能力很差的年龄段发生。为此，我和许多同学一样，感到十分苦痛、沉重，感到难以承受，却又无法避开。

有人说，20 世纪五六十年代的大学生是很苦、很累、很难的一代。对此，我们是深有所感、深有体会的。

但是，事物都具有双重性。在经历了上述种种那个时代所特有的事，经过种种磨炼的我们，在反复思考之后，就会有清醒的认识，就会有深层的感悟和体会。

经历曲折、备受重压固然是一种苦，却也是一种难得的精神财富。凡经历过负面遭遇的人，再观察事物，就往往能入木三分，从而能看出其中蕴含着对人生透彻的理解、醒悟和转机因素。

由此我们可以认识到，只要得到了正确的结论，勇气和力量就会应运而生，前进的路就会笔直通畅，柳暗花明。

为此，我满怀信心。我下定决心，为自己设定了毕业之后所要走的路：一边努力工作，一边刻苦自学，以最快的速度，弥补大学期间所应掌握的专业知识。也就是说，我要在自己设立的“大学”内，实实在在地读完大学四年所应读的书，做一个名副其实的大学生，为今后的工作打下坚实的基础。

第三章　我成为一名灵魂工程师

教师被称为人类灵魂工程师，是对教师的一种赞誉和期待。

灵魂是指一个人的精神、思想、感情、人格、品质。

灵魂工程师的神圣职责，就是陶冶学生的心灵，塑造学生高境界的精神、人格、品质。这是教育的永恒主题。

灵魂工程师像火种，点燃学生心中激情、奋发之火。

灵魂工程师像园丁，在百花园中辛勤耕耘，用丝丝雨露，培育学生的成长。

灵魂工程师像红烛，以“蜡炬成灰泪始干”的生命之火，把学生引进知识的宝库。

灵魂工程师像人梯，用血肉之躯背负着学生去攀登科学高峰。

灵魂工程师像铺路石，要给学生铺垫着通往光辉未来的通衢大道。

多么神圣，多么重要，多么荣耀啊！

一、初上讲台的稚嫩和提升

按当时的规定，大学毕业生都是由主管部门拟订方案，统一分配工作，而且毕业时就立即公布分配方案，毕业生也就随之奔赴工作岗位开始工作。对此，我和同学们都有充分的思想准备，而且,我们的专业就是做一名教师,十分牢靠,服从分配也是绝对能够自觉做到。尤其是我们都发自内心地要求到最艰苦、最需要的岗位上去,我甚至深切地这样想:那个最艰苦的地方就在等着我吴亚芬这个毕业生去。

我们就是持这种态度和心情在等待着。

可是,不知为什么,我们等到八月、九月,直到十月,也没有公布分配方案。但大家都很安定和平静,利用这一段难得的空闲,各自都在做想做的事。这一阶段,没有任何同学去系里找领导提要求到何处去,或要求留在天津,或要求到自己适合的地方去,更没有同学为个人所需,去找领导提出不当的要求。

一天早上,系里通知我们,下午 2 点召开会议,公布分配方案。

下午 2 点钟,全班同学都准时来到教室,整齐地坐下等候着。只见系主任和辅导员走进教室,系主任手里拿着一个纸夹子,走到讲台上,向全班同学说:“你们等到十月才公布分配方案,是因为方案修改了几次,现在由我来公布。”

同学们都在屏气凝神地等着,我也一样,同时还有些兴奋,就想立刻知道自己会到哪个最艰苦的地方去。

系主任逐个念同学们的姓名和被分配的地区或学校。当念到一个男生被分配到宁夏的银川时,教室里顿时爆发了一阵掌声,他近旁的同学站起来争着和他握手,表示祝贺。因为大家认为银川地属偏远,就是最艰苦的地方。

系主任又接着念,我由兴奋变得有些焦急:怎么还没轮到我呢?

只听一声:“吴亚芬,天津师范学校。”

我一下子愣了！怎么没有去偏远最艰苦的地方呢？……怎么留在天津了呢？（几十年以来，我一直都常想着这个事。工作数年之后，有一次回母校办点事，遇到了当年参与分配的辅导员，我就问到他：“毕业时为什么把我留在天津了呢？”辅导员回答我：“都多少年过去了，还问这个干什么？”）

就在当月，我和也被分到天津师范学校的三个同学一起到校报到。

天津师范学校是一所几十年的老校，在市内名声很好，很有影响力。正因为如此，校内长期都具有鲜明的优良传统，如学生很热爱学习，十分自觉和努力，生活俭朴，纪律严明等。

我就要做一名教师了，而且，还是做一名培养教师的教师，对此，我感到无比荣幸。我热爱教育事业，也深爱这培养教师的摇篮。

我们报到之后，很快就被分到语文教研室，担任语文课程的教学。这时，已经是十月底了。

没有想到的是我被分到了三年级，也就是毕业班任课，这使我压力很大。因为，一者我在校荒废了学业，知识欠缺，还来不及补上；二者毕业班的学生年龄偏大，相对显得成熟，老成（我当时二十四岁，而班里却有一名女生已经二十七岁了，其余还有十多名学生和我岁数相当）。

我冷静下来细想了想，感到既然已经定下来的事，就一定要面对。

为此，我决定：当前除了备课，别的任何事都放下。我首先请教老教师，请他们指点，然后就认真研读要讲的课文。

我要讲的第一篇课文是《论“费厄泼赖”应该缓行》，这是鲁迅具有代表性的作品，也是难度很大的一篇课文。

我首先找来了有关资料，仔细阅读，然后逐字逐句地反复精读课文。在深刻领会课文的思想内容和写作特点的基础上，我便开始写教案。

按照授课的要求，教案只要体现课文的要点即可，而我因为是初上讲台，第一次授课，就要准备充分。所以，把要讲的全部内容，逐字逐句都写到了教案上。我把写好的教案送到老教师那里，请她修改。老教师看完后，所提的修改意见，我都一一充实到教案里去，然后就反复阅读教案。我数不清自己看了多少遍，教案内容我都可以一句一句地背下来。就这样，我废寝忘食，做好了第一次授课的准备。

该去上课了。课前十分钟的铃声响过，我已经在教室门前等着，心情十分复杂，兴奋、激动而又紧张。

我一分钟一分钟地等着，从来没有感到时间过得这么慢。

终于，二分钟的预备铃响了。我不知道怎么把教室的门打开的，就走了进来。全班学生都整齐地坐着，见我进了门，就齐刷刷地站了起来注视着我。

按学校的规定，此时要师生相互问好，我有些慌乱，张口就喊："老师好！"哎呀，喊错了！学生们也惊奇地看着我，不知所措，但只过了短短的三四秒钟，就听到他们洪亮地齐声喊道："老师好！"他们都面带鼓励、谅解的笑容面对着我，就这样轻松地消除了尴尬的局面。

刚上讲台，我就出现了这样的笑话，实在使我无地自容。可是学生们正在等着上课，我必须立即调整情绪，开始上课。还好，几秒钟后我就开讲。幸好由于准备得很充分，我很快就进入了“角色”,自如地讲下去。

快下课时,我结束了讲解。对学生说:“同学们,由于我是第一次上讲台,很紧张,所以出现了一点错误,请原谅。要使你们学好,首先老师就要教好,为此,我诚恳地要求大家对我今天的课提出意见,帮助我尽快提高。希望每一个同学都把意见写在一张纸条上给我,回去后我会仔细看。谢谢!”

同学们一听,立即就写。班长很快就收齐交给了我。

下课时我刚走出教室,就有两个女生跟了出来。她们紧拉着我的手笑容满面地说:“吴老师,谁没有第一次呢?不要介意。您的课准备得很充分、很认真。”

学生这样鼓励我,使我很感动,心里热乎乎的。

回到教研室,我仔细地看了学生们给我写的纸条。

如下是几个学生写的纸条:

“吴老师,您第一次上课很紧张,这是难免的,以后逐渐就会好的。一定不要成为负担。”

“课文很难懂,但您基本讲清楚了。缺乏经验是难免的,这需要时间去积累。”

“课文的难点之处,还需再突出一些。”

“您讲课的速度再慢一些,以便能使我们思索思索。”

“吴老师,看得出来,您备课肯定花了大量的时间,所以我们感到您讲得很实在。新老师就应当这样磨炼,望您再接再厉!”

……

看到这些纸条,我十分感动。同学们的诚挚、鼓励和期待,给了我信心和力量。今后,我坚持努力,努力,再努力。

由于我在教学上全力以赴地苦练、钻研，教学水平不断地在提高，老教师们也常常鼓励我，这使我的信心更足。

三年级的第一个学期很快就过去了。

第二个学期就是毕业班在校学习的最后一个阶段了。我意识到了这对学生来说，是最宝贵的学习时段。因而，我就深深感到自己所承担的教学任务更为重要，就更要努力。于是，无论是备课、上课，还是课后辅导，我都兢兢业业，全力以赴。

随着在教学中不断积累、深化，我感到自己的教学水平在不断提升。为了更快地提升，我特地请同在毕业班任教的资深师姐尹志民老师，帮助我总结一下教学情况。她非常热心地从看教案到听课，再到征求学生意见等各个环节都深入、全面地了解到了。

之后，她对我说："亚芬，你任课半年多以来，由于不断地努力，进步很快。教案现在写得符合要求，尤其是课堂教学，重点突出，讲解扼要、清晰，语言表达力强。课后坚持辅导，同学们反映也很好。和初上讲台时相比提高十分明显，今后你要继续努力。"

我听后十分感动，紧握尹老师的手说："谢谢！谢谢！恳切地希望您继续指导我、督促我。"

我深知提升是没有止境的，今后我一定要坚持不懈！

为了能和同学们经常接触，相互帮助，我到学生食堂和他们一起吃饭，并常到学生宿舍和他们交谈，或参加他们组织的活动。所以，我们师生关系很融洽，这对我的教学能力的提高十分有利。

因为我和学生经常在一起，年龄又相差不多，所以，有些不熟的人搞不清楚,我到底是老师,还是学生。为此,有时也闹些笑话,如我校管理严格,除了周六下午四点可以自由出校,平时不准随便出入,如有特殊情况,必须由班主任写准假条。有一次周二下午我要出去办事,走到门口,被值班的陈大爷拦住了,问我:“班主任开条了吗?”我一听大笑起来,因为我就是班主任。

处于这种状态也好,我可以十分自然地融入学生中去。

走上工作岗位之后,我迈出了坚实的第一步。

二、我与学生心灵上的撞击和融通

教师的职责是教书育人。

教书,指的是要把所任的课程讲好,向学生传授专业知识,把他们引入知识宝库,使他们博学多闻,具有专长,掌握为社会做贡献的技能和本领。在这方面,我虽然跨出了坚实的第一步,但后来的路还很长,我将付出毕生的努力。

而育人则是教育学生。“教育学生”短短的四个字,蕴含着极为丰富、精深、重要的意义。社会上称教师是“人类灵魂工程师”,是赞誉,也是赋予教师重大的责任。也就是说,教师的职责是要把学生培养成有理想、有志向、有志气,品德优良、献身事业、勇于拼搏的优秀人才。

育人的职责,比起教书,更为重要而艰难。因为学生都是活生生的个体,思想、认知、性格、行为各自不同。要向统一目标培养和引导,必须花费大量的精力,采取各种各样的方法,需要练就不怕困难,接受曲折和反复的能力和修养。作为一名灵魂工程师,对育人这项艰苦的工作,必须有充分的精神准备和坚定的信心。

我热爱教育，热爱学生，我愿意做他们的良师益友，愿意为育人而献身。我要把自己所有的挚爱、热望、真诚都倾注、奉献给他们。

我教语文课的那个毕业班，1961 年的 7 月毕业了。之后，9 月份，我接了二年级的一个班。除了教语文课之外，我还兼任班主任。从此以后，二十多年以来，我就一直担任班主任，全方位地从事育人工作。

根据上述认识、愿望和决心，我为做好班主任工作，给自己定下了如下要求：

1. 榜样的力量是无穷的，我一定要以身作则，身体力行。要求学生做到的，我一定要首先做到。

2. 不摆老师的架子，对学生和蔼、亲切、关心、耐心。把自己所有的挚爱、热望、真情都倾注到学生的心田里去。

3. 遇到棘手、困难的问题，或者学生有逆反、顶撞的表现时，不发怒、不训斥，更不歧视。

因为社会形势的变迁，我校也随之几度变化。天津师范学校办到“文革”时期就停办了，接着就是停课闹“革命”，学校就停办了。过了一段时间，又“复课闹革命”了。学校改为了中学。“文革”之后，于 1977 年，改为天津高等师范专科学校。1999 年并入天津师范大学。

（一）正气与乱象的较量

我校改为中学之时，正值“文革”期间。此时，社会上的状况，可用一个“乱”字来概括。是非、善恶、对错等都颠倒了。许多成年人尚且不懂事理，颠倒黑白、胡作非为，何况幼稚、单纯、认知能力很差的十几岁的中学生呢？所以，我任教的初中二年级的一个班，就是个很乱的班。

这一阶段，我们的工作太难做了。

这个班乱到什么程度呢？不身处此境的人，是想象不到的。比如上课铃响了，教室里空无一人，其实学生基本上都到校了，但却在校园里到处乱跑。为此，我就要一个一个地在校园里到处去找。可气的是我把第一个学生带到教室后，再去找第二个学生时，第一个到教室的学生又跑了。在此种情况下，安排好的课就常常上不了。即使有时大部分学生在，勉强能上课，也是乱哄哄的，学生们都在干自己感兴趣的事，诸如玩扑克、看连环画、相互打斗等等。老师也无法连续把课讲下去。

面对此种混乱现状，我感到了自己担子的沉重，于是就下决心全力整顿。我把学生分成三种情况：一种是比较老实规矩的；一种是随大溜的；一种是调皮捣乱的。我首先把老实规矩的学生招到一起，向他们正面讲道理，说明认真学习的必要性，希望他们带头维持好课堂纪律。然后再把随大溜的学生请到办公室，倾心相谈，要求他们按时进教室专心听课，下课再去玩。至于调皮捣乱的后进生，则一个一个地细心耐心地规劝他们。

我就按照这个思路和方法集中精力、全力以赴整顿班风。

努力地工作了一段时间，情况开始有所好转。首先，到了上课时间，再不用我一个一个地去找了。然后，课堂纪律也好了一些，老师基本上可以按教学计划把课讲完。

但是，这只是初步的、表层的一些变化。通过较长时间的接触和了解，我感到班里一些学生，由于受社会上不良风气的影响，存在的问题十分复杂、严重。例如结伙斗殴，而且，常发生在我看不到的校外，诸如在马路上、胡同里，或者在旷野上，甚至还有的学生曾被警察找去问过话。

说班内伏有“危机”，也不为过。有一次，我就亲身经历过。多年之后，每当想起，我仍感到后怕。

一天下午，按学校的安排，我要带班到离学校不太远的菜田里参加劳动。按菜农的要求，是要把一大块菜地刨开。他给男生每人一把铁锹，我看了一眼，铁锹个个都非常锋利。给女生每人一把小铁铲，把大块泥土打碎。

大家分散之后就开始干活，一切都很正常，我没有发现什么问题，于是便和学生一起干了起来。但是，还没到半小时，在没有任何反常的迹象（诸如争吵、对骂、喊叫等）的情况下，以陈兴为首的一拨和他们的对头，共八九个人，迅雷不及掩耳，像电传一般各自传递着暗号，在不到一分钟之内，猝不及防地各自举起铁锹对砍了起来。

一场带着“武器”的搏斗开始了！一场惊心动魄的“内战”打响了！

同学们吓得慌乱不堪，四处跑开，以求避难……

当我发现时，心里也十分紧张，看到他们都拿着锋利的铁锹拼命对砍，各不示弱……

如此骇人听闻的群殴，可是人命关天啊！

当时，重大的责任感，顿时使我浑身生发出从来不曾有过的大力气，我快步跑到经常参与群殴的带头人陈兴的面前，用手紧紧地抓住他所拿的铁锹，大声命令他说：“放下！放下！”论力气，我哪能比得了他？可是，当时的我犹如天助一般，竟然把他制服了，他放下了铁锹。

接着，我又镇定地大喊："男生都把铁锹立刻放下，女生尽快把铁锹收走！"

幸好我们劳动的地方靠近一条马路，马路上来往的行人，一看到这样危急的群殴场面，都飞快地跑过来帮助制止，菜农也急忙跑来收走了铁锹。

这场危险、可怕的群殴终于被消除了。

我顿时感到全身无力，险些站不住了，但是，问题还没有彻底解决，我还得打起精神来。

回校之后，我紧急通知几个带头群殴的学生的家长，晚上开家长座谈会。在会上，我把事情的经过和危害性都和家长们说清楚了，希望家长们配合学校，共同对学生加强教育。

家长们十分配合，都表示一定好好教育孩子，不再犯这样的错误。

有一位家长诚挚地说："吴老师，您一个年轻的女教师，突然遇到了这样危险性很大、险些出人命的麻烦，竟能这样勇敢、果断地迅速解决，实在太不容易了！谢谢！"

我回答说："责任，责任重千斤啊！"

晚上 11 点家长会结束。我筋疲力尽，费力地走回宿舍，倒头就睡。明天一早还有课呢。

事后，我利用班会的时间，总结了这次事件，指出其危害性，并向全班同学提出要求，为树立良好的班风而努力，并要求参与群殴的同学做检查，接受教训。

此后，班风有了明显的好转。

可那个打架成性的陈兴却一点没闲着，依然隔三岔五地寻衅斗殴。为此,我就把他作为教育工作的重中之重。我不厌其烦地和他谈心,动之以情,晓之以理,并启发他、规劝他、鼓励他。此外,我还经常去家访,和他父母一起商量如何齐心合力教育他。

一次,我又到陈兴家去,他的父亲见到我进了门,就叹了一口气说:“这个孩子太难调教了!吴老师,您对他的关心和教育,我们了解得清清楚楚。您家访得勤,可以说是踏破门槛了,我们都非常感动。今后我们一定和您紧密配合,对他严加管教。”

不久,放寒假了,我要回南京的家里去。临走,我又去了陈兴的家,嘱咐他说:“放了寒假,到哪去玩都可以,可就是万万不可打架。”他连连点头称是。

可是,寒假结束,当我回来一进校门,就碰见一个班里的女生。她开口就说:“陈兴‘进去’了!”(天津人说“进去”的意思就是被关押了。)

我大吃一惊,连忙问道:“怎么回事?”

那个女生详细地对我说:“年初二那天上午,陈兴和他的一个哥们儿在他家门口玩。他的哥们儿去了一趟公共厕所,出来以后,对陈兴说:‘妈的!蹲在我旁边的一个人瞪了我一眼!’

“陈兴说:‘什么?他敢瞪你?等他出来看我的!’

“不一会儿,瞪他哥们儿的人出来了,哥们儿指着那人说:‘就是他!’

“陈兴二话不说,跑过去堵着那人,上去就狠狠地向他踢了一脚。此人当然不甘示弱,照着陈兴就是一拳。顿时,两人就揪在一起打了起来。

“陈兴打得兴起，以最快的速度跑回家去拿了把锋利的匕首来，照着对方的大腿狠狠地捅去，只见那人的腿上顿时鲜血汩汩直流，躺倒在地起不来了。

“陈兴和哥们儿一看，有些慌张，赶快拉着手一起快步跑开。

“幸好，这里离医院不远，几个好心的路人连忙把流血的人，送往医院急救，才让伤者免于因大出血而不治身亡。”

听了这些细致描述之后，我为之震惊，思绪紊乱：才十五六岁的孩子，就要到铁窗下过活吗？……可犯了法，就要严惩啊！我对陈兴的教育，已经是竭尽心力了，难道完全是无效吗？

当晚，我一夜难眠。

过了一段时间，听说陈兴一案要在法庭上审判。我问清了时间、地点，带着两个学生想去听审。可到了法院门口的值班室联系，值班人员说：“除直系亲属之外，任何人都不能听审，而且，判决之后，也不能探监。”

我们只好出来了，但又不想立时离去，很想能看到他。于是，就站在门外等着……

过了两个多小时，只见一辆敞篷汽车缓缓地从法院内开了出来。我们目不转睛地盯着看，只见陈兴戴着手铐站在中间，两边都有警察紧紧地贴身拽住他的手臂。我们连忙向汽车靠近，汽车开到门口时，我发现陈兴把头向左边转了一下，正好和我的目光对视。他一看到我，眼泪顿时流了出来。（这一连串情况的发生，只在几秒钟之间。）

他流泪了！这泪含着什么？是悔恨，是反省，是由此凝结出来的醒悟啊！……

他被判了五年。

五年到期，陈兴出狱。

回到家，他做的第一件事，就是到我家来，我恰巧在。

他一进门，就向我深深地鞠了个90度的躬，然后眼里噙着泪水说："吴老师，我对不起您！"

我很受感动，走过去紧紧地拉着他的手说："'对不起'三个字，对你来说，字字千金啊！这凝聚着你五年间的感受和领悟，而且会终生难忘的。"

过了一段时间，他通过一个同学转告我说，居委会推荐他去邮局当邮递员。

又过了一段时间，校内收发室给了我一封从外地寄来的信。我拿过来看，发现信封的反面盖了二十多个邮递员的章（按邮局的规定，邮递员投送的信，每封的反面都要盖一个自己的印章），而且全是陈兴的印章。

我一下子明白了：陈兴上班了，是邮递员，并负责投送我校所有的来信。

四十年过去了，陈兴还在邮局工作，而且还当了大班的班长。

四十年了，陈兴已经五十多岁了，一直和我保持着密切联系。

班内除了曾经较长时间存在上述聚众斗殴的大问题之外，还曾经有过后进生行为出格的个例。

如有一个小个子的男生，名字叫李永东。他不参与斗殴，也不结伙闹事，捣乱的事从来都是一个人偷偷地干。他上课时，从来不给老师制造麻烦，但却什么课都不听、不学，情绪十分低落。

他偷偷地干的坏事很多。据事后调查核实，诸如破坏课桌椅、打碎教室窗户的玻璃、开水管子大量放水、砸碎电灯泡等等。

我开始接触他时，只感觉到他不爱学习，找他交谈时，他很少讲话，甚至一言不发。因此，我很难摸清他的内心情结，感觉他好像有些心理障碍。继而，不断发现他的破坏行为之后，我就觉得他的问题十分严重，而且有些怪异。为了全面细致地了解他，我决定去他们家家访。

他的家在一个破旧而杂乱的小胡同的一个大杂院里。我走进去之后，他正在院子里，看见我时，一脸无奈地对着我，没有说话，但还是把我领到屋里去了。

我进屋一看，啊！这哪里像个家？不足 12 平方米的一间小屋，黑乎乎的土墙，坑洼不平的地，一张歪歪斜斜旧木头的大床就占了屋子的一半，墙边堆着几卷破旧的被褥，进门的墙边放着一个破桌子，两把破椅子挤放在一边。

一个病弱的五十岁左右的妇人半躺在床上，一看就知道是李永东的母亲。

我先向她问好。她慢慢地坐了起来。

我说："您好像有些不舒服？很抱歉，我没有事先告诉，就贸然来了。"

她说："没关系。我也想见见老师。"

我说："家里过得怎样？"

她一听，就低下了头，沉默不语。

我觉得她有难言之隐，于是就走到床边，靠近她坐了下来，拉着她的手细声地说："有什么难处就说，没有关系，我知道就行了，不会传给任何人的。"

她抬起头来看了看我说:“唉!难啊!一家六口人,就孩子他爸一人在工厂里干活,三个儿子个个能吃,粮食不够,常常为了多吃一口,争来夺去,闹个没完……再有,三个孩子天天挤在一起,打地铺睡觉。日子过得太难了……”

接着,她捂住脸哭了。

见到此情此景,我心里也很沉重,安慰了她一番。李永东在学校捣乱的事,我只字未提,就告辞了。

家访之后,有一天课后,我把李永东找到办公室,和他促膝谈心。

我说:“永东,我前几天到你们家看了看,实在太困难了。你说说,心里有什么苦?”

他低着头沉默不语。

我等了等,接着说:“说吧,说出来,心里就轻快一些。”

他开口了:“就是吃不饱……再有,天天打地铺,又挤、又冷,睡不好……”

我说:“我抽空找你爸爸商量商量,去找厂工会争取申请些补助。我再问你,你家的日子过得很难,我很同情。你吃不好、睡不好心里难受,我也理解。可你在学校一不学习,二到处捣乱,这是为什么?我不理解。你说说心里话,好吗?”

他小声哼唧了一阵说:“我……我……我就是想出出心里由苦变成的气。”

我紧接着问:“气出来了没有?”

他说:“没有。”

我说:“是啊,你吃不好、睡不好,但是砸课桌椅,打碎电灯泡,就能吃饱睡足了吗?这完全是两回事。再有,你一定要明白，你是在破坏公物，而且，这既损公又不利己。今后，如果再发展下去，就会违法。你们家目前确实很难，但你要向前看，你们兄弟三人如果在学校刻苦努力，学业有成，在这个基础上将来再学习一门技术，掌握一技之长，日子就一定会过得红红火火。而且，你现在已经十六岁，不久就长大成人了，家里的日子也就会好了。”

他低头不语，但看神情，好像是听进去了。

李永东家的困境，常常在我脑子里浮现，尤其是定量的粮食不够吃。我想帮帮他们，可我每月的定量才 28 斤，我的饭量倒不大，只是，正在长个子的儿子饭量大，所以，粮食也不宽裕。可是，比起李家要好多了。我紧一紧，还是可以过得去的。所以，在一个星期日的下午，我抽空去粮店买了一袋米，用自行车驮着送到李永东家。

李永东和他的父母都在。当我拎着米袋进了门时，他们惊奇地站了起来。李永东的母亲连忙迎了过来说：“吴老师，你……你这是干什么呀！”

我说：“送点米来。这点儿米也解决不了什么大问题，只是略表心意。”

李永东的母亲连忙说：“那你们也要吃呀！”

我说：“够，我们够，放心吧。”

李永东的父亲也赶紧走过来，拉着我坐下说：“吴老师，你真是好心啊！前几天我就听他娘提过，说你来过我家问寒问暖，我很感动，今天又送米来，这叫我怎么好呢？谢谢，谢谢啊！”

李永东在一旁没有讲话，但是我看见了他眼里噙着泪呢。

李永东从此开始认真读书了，并且顺利地初中毕了业。

他没有继续升高中,而是凭着他的心灵手巧,勤奋努力,学着做各式服装,然后,以“前店后厂”的方式开始营业。再后来,他扩大了营业范围,开了一家规模较大的服装店,自己当了经理。20世纪90年代,他在天津规模最大、最有名气的大胡同商场开了更大的服装店,聘了四五个店员,生意日益兴隆。

2009年,他还请我去参观了他的服装店。

他们家的生活和过去相比,大为改观。

(二)学风浓厚意气风发的文科班

“文革”末期,我校又增设了高中班。一些爱学习的学生继续在校攻读。这时的班风和先前大不相同,学风浓厚、纪律良好。学生们当时的学习目标虽然尚不太明确,但却个个认真读书。任课老师见此情景十分欣慰,也格外努力授课。此时,可谓形势一片大好。

1976年,“四人帮”粉碎,“文革”宣告结束。“文革”期间,高考中断,长达十年之久!1977年全国恢复了高考,这对学生们来说,可谓天大的好事!他们个个欢欣鼓舞。为了适应高考分理工科和文科这个新的情况,学校迅速地调整了班级,建立了两个理科班、一个文科班,共三个快班,选择成绩好的学生进班。

三个快班迅速建成,而且根据高考大纲安排课程,立即开课。

此时,学校已被批准建立高等师范专科学校,而且正在积极筹备1978年参加全国统一的高考招生,录取新生。但考虑要把最后一届的中学生顺利地送走,尤其是必须要给准备高考的优秀学生创造优越的条件,校领导决定把当时在三个高中快班教主课的老师留在中学继续任教，待学生毕业后，再任师专的课。

我就是其中之一，教文科班的语文，并兼任班主任。

文科班有二十多个学生。他们从初中开始就在校上课，已经三年多了。其中，有些是我直接教过的，有些虽然未直接教过，但也比较熟悉。所以，文科班开始上课的第一天，我一进教室，学生们都热烈鼓掌，个个欢声笑语，一是因为他们如愿进了文科班；二是师生彼此熟悉，亲密融洽。

我站在讲台上说的第一句话就是："同学们的奋斗目标，今天就要明确地定下来，是什么？"

"考大学！"二十多个同学异口同声地大声回答。

我继续说："好！从今天起，你们就争分夺秒刻苦地学，我和任课老师们全力以赴、尽职尽责地教。师生结为一体，共同为奋斗目标而努力！"

文科班就是这样，精神饱满、信心十足地开始踏上征程了！

从此，我就把全部时间和精力都投入这项工作中去了。课堂授课，我按照教学大纲，从字、词、句、段到思想内容、艺术特点一一精讲，尤其是古典课文，是学生的弱项，我讲解得更加深透。此外，我还加强了课外辅导，常常一对一地解释各种疑难问题。写作练习我也不放松，学生多写，我精批细改，并提供各类范文，供他们参考……

我当时患有一过性脑缺血。有时，在没有任何预兆的情况下，会突然感到天旋地转，晕倒在地。

有一天上午，我刚下课，走出教室时，就突然犯病倒地。同学们大吃一惊，连忙找来担架，七手八脚地把我抬到医务室。

当天，经过治疗，头已经不太晕了，只是浑身无力。我只有躺在床上休息。第二天早晨，仍然虚弱无力。可是，我心里想，现在正是备考的非常时期，绝不能误课。于是，我就挣扎着起床，朝教室走去。好在我当时住在校内，离教室不很远，就慢慢地走过去。可是由于体力不济，走到一半的时候，我就走不动了。无奈之下，我就扶着墙一步一步吃力地朝前走。差几分钟就该上课时，我终于走到了教室门口。进门一看，学生们都默默地坐着看书。他们一看我进了门，都非常吃惊。班长说："吴老师，您不会这么快就会好的，怎么来了？我们原来准备这节课上自习的。"

我摆摆手，就慢慢走向讲台。有一个学生立即搬了一把椅子过来给我。我对同学们说："咱们上课吧……今天我就破例坐下讲吧。"

又过了两个多月，我的女儿突然得了麻疹病。这是一种急性传染病，上学是不能去了，怎么办？我要是在家看护孩子，起码要耽误两周的课，这个紧张的时期是万万不行的！思来想去，我一早就去居委会恳求主任帮忙，一定给我请一个阿姨照顾孩子。主任看我十万火急的样子，就立刻答应了下来，下午就替我请来了一位阿姨。这样，我就可以照常上课了。

1979年7月7、8、9日是全国统一的高考时间。7日清晨，同学们既紧张又兴奋地提前到达了考场。我更早就来到了考场门口等着他们。同学们看到了我，都很高兴，心情也放松了一些。该进考场了，我没有说什么，而是紧紧地注视着他们，逐个重重地握握手，一切尽在不言中啊！

在考场门口等待他们的时候，我思绪万千。因为十年动乱，大学多年没有招生，1977年才恢复了高考。在这种有史以来从未有过的情势之下,可以想象参加高考的考生数字会多么庞大!而且,1977 年、1978 年的录取率,教育部都有统计,并已公开宣布:1977 年、1978 年,两届考生的录取比例都在百分之二到百分之三之间。也就是说,二十多人中才能录取一人。这是多大的难度啊!

而今年的数字不可能有很大的变化,也就是说,我们文科班总共有二十多人,按比例充其量也只能录取一人。难度仍然十分大。

在紧张备考期间,尽管他们不一定不知道这个难度,但是,我从未强调过这一点,因为我不想给他们增加压力并分散他们学习的注意力。而考完之后,很快就要面对录取的结果了。为此,我必须要充分考虑好下一步要为他们做些什么。

根据平时的学习状况,我估计班内有三到四个成绩一贯优秀的学生有希望被录取。如果能如此,就会翻倍地超过全国的录取比例,这对学生本身和学校都是大喜事。

而另一种情况,即大多数的学生都不可避免地要面对落榜的局面。这则是我下一步工作的重点。

我首先要考虑的是落榜的学生如何对待这种情况,他们该怎么办。反复思索之后,我想到了三点:一是充分肯定他们在备考期间勤奋、刻苦的表现。特定的历史时期,造成了高考特大的难度,这是客观原因造成的。所以,未被录取绝不等于个人不努力。二是这次高考,除了大学招生以外,还有部分重点中专也有录取名额(按说中专和高中应属于同一个层次,可也是历史原因,形成了这个局面),如愿上中专,这也是一个出路。三是如还想报考大学,可以再复读一年,争取明年被录取。

大约在一个月之后，录取结果公布了。我们文科班有三个学生被大学录取：一个是马维刚，被中国公安大学录取；一个是魏玉来，被天津师范大学录取；一个是宋玉琴，被天津外语学院录取。我原来估计的另一个有可能被录取的学生陈刚，只差了十分落榜了，我鼓励他复读再考，他采纳了我的主张，接着刻苦攻读。第二年，他就被天津外语学院录取。这是大喜事。

另有五名学生被重点中专录取。余下的十多名学生大部分复读，来年再考。我教中学的任务，到此时就完成了。我心里非常踏实。

1979 年被大学录取的学生马维刚、魏玉来、宋玉琴和后一年被录取的陈刚，这些品学兼优的学生，毕业后到现在，一直在工作岗位上勤奋努力，并且业绩突出。马维刚在公安部已是厅局级的干部。魏玉来是一个公司的董事长。宋玉琴在学校里长期教授英语，已是经验丰富的业务骨干。陈刚在国际旅行社任重要职务。

(三)真情是理性之源

送走了最后一届中学生之后，我接了师专中文系的一个班，教授古典文学，并仍兼任班主任。

自师专 1978 年开始招收高考统一录取入学的头两三届的学生中，有一个突出的特点，即是班内的学生大都不是应届高中毕业生，而恰恰相反，应届毕业生只有寥寥数人，大部分可以说是来自四面八方：插过队的知青、机关干部、小学教师、工厂的职工、农村的村干部等。而且年龄都偏大，有一部分已经三十多岁了，开玩笑地说，可以说是应届高中毕业生的叔叔辈的人了。

面对有这些情况的学生,如何教育,对我来说,既是个新题,也是个难题。对此,我考虑再三,归纳了如下四点:

一是逐步摸清学生现状,教育一定要突出针对性。

二是我和他们的年龄相差不大,师生之间,应更多倾注于友情。

三是不多讲大道理,多启发、多引导,点到为止。

四是在个别说服教育之中,要动真情。

按照这四点我开始进行教育工作。时间不长,我就感到学生和我关系融洽、和谐,不拘束,愿意和我多说话。在此基础上,我常根据班内出现的主要问题,以讨论、沟通乃至争辩的方式,组织专题交流会,诸如如何处理好人际关系,人生追求和奋斗目标如何在现实环境中具体体现,探求大学时期的学习方法,等等。

这种交流会的效果很好。主要在于不是枯燥的说教,而是人人参与,畅所欲言,各抒己见,有不同看法就广泛交流。会上的气氛十分热烈、活跃,同学们争先恐后,积极发言,有时两方争得面红耳赤,各不相让。会议最后多数都能取得一致的正确结论。

再有,我刚一接班,就遇到一个棘手的问题:一个来自农村,名字叫严志的学生,坚决要求退学。许多同学纷纷劝解都无效,听说他已经找过校长,校长尚未予以答复。

他现在课也不上,整天闷在宿舍里。我听说此事之后,就立即到宿舍去找他。

我走进宿舍一看,见他正半躺在床上发呆。

我向他打个招呼,就坐在他对面的一把椅子上,自我介绍了一下，接着温和地问他："是有什么不舒服吗？"

他定睛看了看我，摇了摇头。

我又问了问："家里是有什么难事吗？"

他又摇了摇头。

我照直问："我知道你要求退学的事了。这么着吧，你能不能如实地对我说是什么原因，咱们一起商量商量，好不好？"

他从床上坐起来了，但还是沉默不语。我定睛看着他，等待他开口……

不一会儿，他抬头看看我，正好我们目光相对。

他似乎从我的目光里感受到了一些什么……终于开口了："吴老师，我知道您接我们班了……我是想退学，想了很久了……"

我点了点头，期待着他继续说下去。

他停了一会儿，又接着说："其实，也没有什么大事，就是……就是我不习惯学校的生活，不愿和同学一起住在宿舍里……"

我接着说："你能说出自己的想法很好。退学的事不是小事，这关系到你今后，甚至一生的命运和前途。所以，咱们一定要仔细、深入、反复地想一想，商量商量。再说，在高考竞争十分激烈的情况下，你好不容易被录取了，一定要十分珍惜，不能轻易抛弃。好了，你再好好想想，咱们过一两天再谈。"

当天晚上，我把和他同宿舍的同学和班干部找到一起，商量怎样帮助严志。来的同学都十分热情。大家一起讨论，分析情况，想办法。最后统一了两个看法：

一是严志之所以产生了要退学的消极想法，主要原因是在于他的内向、偏执的性格。具体表现为生活方式和集体生活格格不入。如该吃饭不去吃,该就寝不就寝,平常不和同学交往,经常在宿舍和同学发生纠葛,总是自己一个人独来独往,等等。

二是如何帮助他。大家都觉得应当耐心、细致,尽全力劝他改变消极想法。在生活上如果发生了矛盾,只要没有什么原则问题,大家都主动让着他。

我听后觉得同学们的态度和想法都很好。至于怎样劝说他,我建议不要大家都去找他,可以请一两个年长一些的同学代表大家重点去帮。

此后,我先后四五次和他畅谈,我语重心长、恳切热忱地劝他打消退学的消极想法,继续攻读学业。同学们也不断地关心他、开导他。

过了一个多星期,严志终于向我表示,他不想退学了,今后一定安心上课,刻苦努力。

为此大家都十分高兴。

随后的一年(我们学校的学习年限是三年)他果然情绪稳定,专心致志地学习。而且,更可喜的是,毕业时他坚决表示要到最边远、最艰苦的地方去工作。于是,严志就被分配到了新疆的喀什去工作。

喀什可以说是我国最边远的地方,它在新疆的最西边,紧靠国境线,往西不远就是塔吉克斯坦。

同学们都为严志这种勇气和志向而惊叹和感动!

全班为严志开了一个隆重而热烈的欢送会。他不久就奔赴新疆喀什。

严志在喀什工作期间,常和我通信或电话联系。他在一个政府部门工作，表现十分勤奋努力，深受领导和同事的肯定和信任。可以说他是一个优秀的毕业生。

……

1989年，我除了教中文系的古典文学课以外，还在历史系一个毕业班教授公共课中国文学史，每周两节课。

因为是跨系上课，课时也不多，所以，我和这个班的同学接触不多。

可是有一天，我上完课准备离去时，班内有一个男生在教室门外等着我，见我出来，就连忙走了过来，对我说："吴老师，您可不可以借点钱给我？我家在山东，家里最近没有给我寄钱来，有点困难。"

我一听就说："好，好，我给你拿。"说罢，就从提包里拿出钱包，打开一看，正好有一张100元的钱。我拿了出来问他："够吗？"他接过钱说："够，够，谢谢您。"

又过了约三个星期，我去历史系上课。课后，我走出教室要回三楼的中文系，刚上楼几步，就听到后面有人说："吴老师，请等等。"我回过头一看，是找我借钱的那个男生。我停了步等他，他到了我的跟前说："吴老师，您能不能再借些钱给我？我还是有些困难。"

我问他："需要多少？"他说："有没有150元？"

我说："请稍候，我找一找。"我从提包里拿出钱包翻了翻，还好，20元、50元凑凑，够150元了。我递给他说："够了，给你吧。"

他接过钱说："谢谢吴老师。"

到6月上旬的一天，历史系文学史的课快要结束时，我去上课。课后,有几个同学有一些问题要问我,我在教室里停留了一些时间。出来后,那个借钱的男生正在教室门口等着我。一看到我出来,他就上前迎着我,显得有些拘谨地说:“吴老师,我……我又来找您了……家里又没有给我寄钱,还是困难……您能不能还借点钱给我?”

我一听他说这些话,心里想了想,这个男生是特困生,还是花钱太随便?可是,他现在缺钱是当务之急,应该再帮助他,所以就没有再想。

我问他:“还需要多少?”

他说:“您有200元吗?”

我恰好今天下班后准备买些日常用品,带的钱多一些,就如数给了他。

他拿了钱说声“谢谢”,就快步走了。

此事就这样过去了。

7月中旬的一天,历史系的系主任尚克强老师到办公室来找我。他进来坐下后就问我:“吴老师,我们系毕业班的孙军有没有找你借过钱?”

我一听一时很纳闷,这个事我对任何人都没有提过,尚主任是怎么知道的?

尚主任急着问:“找你借过钱没有?跟你说实话吧,他不仅向你借过钱,还找别的老师和同学借过。我们都调查清楚了。他借的钱有还了的,有没还的。借你的钱最多,而且都没有还。”

原来如此。孙军(此时,我才知道,借钱的男生的名字)这样做确实是不对的。

我说:“对,是找过我借钱,一共450元,没有还给我。”

尚主任说:“我们系研究过了,决定让他必须在毕业离校前把借的钱都还清,否则,扣发毕业证。”

我想了想,按道理说,孙军多次借钱不还,是不守信用的不良表现。系里在毕业生离校之前做出处理决定,也是必要的。但是,如果他一时还不了钱,就扣下毕业证,没有学历证书,他回原籍之后,就无法找到工作。这对他来说,可是个大事啊!还我的钱和他找工作相比,后者当然更重要。

为此,我用商量的语气说:“老尚,孙军借钱不还,是不对的。但是,我想和你商量一下,是不是不要扣他的毕业证?因为,他回家之后就要立即去找工作,咱们还是给他在这方面提供必要条件吧。借我的钱以后再说,能还就还,不能还就算了。好吗?”

尚主任听后立即说:“吴老师,你吐露出的真情,好感人啊!我回系再研究研究。”

两三天之后,尚主任通过电话告诉我,历史系决定把毕业证发给孙军,而且还和他谈了话,指出他的错误,他表示接受批评,一定改正。为此,我心里很感欣慰。

又过了三天,正是星期日,孙军不知怎么打听出我家的地址,按门铃进来了。我一打开门,他走进来就双手紧握着我的手,哭着说:“吴老师,我错了!我对不起您,也感谢您!”

我忙拉着他走到客厅里,扶他坐下。

待他平静一些后,我说:“孙军,‘对不起’‘感谢我’都不重要,重要的是一定要吸取这个事的教训。你借钱肯定是有困难了,这原本没有什么错,而需要注意的是:借了别人的钱,就一定要节省，而且，更重要的是，借了钱必须还清之后才能再借，否则，就会演变成贪图小便宜。有了贪图小便宜的不良意识，就会逐步发展为贪图大便宜。这样不能自持地一步一步演变下去，就会走上犯罪之路了。你及时认识到自己错了，这就好！……青年人在成长阶段中难免会出现一些过错，改了就好，就是进步。我坚定地相信你今后一定会大踏步地前进，一定会成为一个优秀的教师。孙军，我相信你、期待你！"

孙军专注地听着，并连连称是。

临别时，孙军凝重而坚定地说："吴老师，我一定牢记着您的话。请您放心，今后我绝不再犯以前的错误，而且不仅如此，我还要励志图强，在工作岗位上，做出突出贡献。请您一定相信我！"

我连忙热情、诚挚地说："我一定放心，坚决相信！"

我一直把他送到楼下的马路边，望着他逐渐远去。

从孙军1989年毕业离校之后，直到现在(2014年)，总共二十五年，他一直和我保持着密切联系。他毕业之后，先在一所中专学校任教，教授历史课。两年之后，他任该校中层干部，负责学生的思想教育工作。1996年通过考试，他获得了硕士资格，攻读了三年，获取了硕士学位。之后，他继续在原校任中层干部，工作硕果颇丰。

他在工作后的第二年，把借我的钱如数还清。工作四年之后，他利用假期专程来天津看望我。

……

1992年的一天，我去高教局开会。会上有一位天津轻工业学院的老师谈到了一件事，引起了我的注意。

他说他们学校有一位老师在课间不幸因突发急病过世，他的爱人因健康欠佳长期没有工作。这样，他们家就陷入了没有经济收入的困境。而其子正在读高中，名叫林亦清，是个成绩十分突出的优秀生，可是就要面临着辍学的境地。他们学校正在设法帮助这个家庭。

我一听到这个情况，心里对这个孩子顿生相帮之意。散会之后，我急忙找到那位轻工业大学的老师，把我的想法告知了他，并且留下了家庭地址和电话号码，请他转告这个孩子去找我，越快越好。

第三天正是星期日。上午10点，有人轻轻地敲房门，我开开门一看，面前站着一个面目清秀、瘦高个子的男学生。我们四目相视，一种好像相知很久的亲切感在我心里油然而生。

我连忙紧拉着他的手连连说："进来！进来！"

林亦清有些拘束地走了进来。

我拉着他坐在椅子上。

我说："你爸爸学校的老师，说了你家里的情况，我都知道了。我想你最近肯定心里很难过，负担也很重。可是，事情既然已经发生了，而且无可挽回，我们就要面对现实，迅速摆脱痛苦。你还很小，很年轻，只要你一心扑到学习上，坚持不懈、不断努力，将来必然会有光辉前程，你们家也必然会过上富足的日子。你的妈妈如果看到你好好上学、不断上进，她的心情也会逐渐好转，病情也会减轻。你一定要朝前看，朝前看！对吗？"

林亦清的泪水不断流出，但却连连点头。

我继续说："我从现在开始，每月给你100元，在学习用品上帮助你，直到你大学毕业。就你目前的学习情况，能考取大学，是肯定的，而我相信，你的学习成绩还会继续提高，一定能考上全国重点大学。”

林亦清一听，顿时激动地哭了。

我急忙拉着他的手说：“不哭，不要哭。任何老师，都是爱学生的，对学生都是心怀真情的！……我还有话对你说，你听我说。”

他止住了泪，看着我。

我说：“但是咱们一定要有两个约定。一是将来你毕业之后，有了经济收入，绝对不能回报我；二是你来取钱的时候，不要说感谢的话。现在，你必须明确地答应我。可以吗？”

林亦清沉默了一会儿。

我轻声地问：“你能答应我吗？我等着呢。”

林亦清点了点头。

我连忙说：“一言为定，一言为定！”

此后，我就按照自己的诺言资助林亦清。为了节省他的时间，我让他三个月来我家一次，一次取300元。

他每次来，除了取钱，还谈谈他的学习情况。从发展趋势来看，是好上加好。

一年半以后，他被全国重点大学天津大学录取，四年的大学生活结束后，他考取了天津大学的硕士研究生。

当天他就来把这个好消息告诉了我。我十分高兴，对他表示热情的祝贺！

坐在椅子上的林亦清，此时显得特别激动。他眼含泪水，注视着我说：“吴老师，我心里有许多话想对您说……有些是您以前不让我说的，可是，这些话憋在我心里已经许久了，我不说不行……这就是……就是……”他站了起来,向我鞠了一躬,接着说,“吴老师,谢谢您!谢谢您!”

我连忙走过去扶着他坐下去。

林亦清接着说:“我怎能不感谢您呢?五年半以来,您一直在资助我,可您是多么不容易啊!根据我对父亲的经济收入的了解,我知道高校的教授、副教授这些年的收入都是不高的,每月只有不足千元的工资。可您在家庭负担很重的情况下,还坚持给我学习用品费……为此,我妈妈非常不安、感动,经常提及您。再有,我读研究生之后,学校统一供给学习、生活费用,您今后不要再给我资助了。我一定努力攻读学业!”

三年后,林亦清顺利地拿到了硕士学位,而且当年又顺利地考取了博士生。两年后,他拿到了博士学位之后,又获准进入博士后科研流动站从事科研工作。

他在博士后科研流动站从事科研工作时,我们见过一面。他进了门以后,我亲切地拍着他的肩膀说:“亦清,你读书读到头了!不愧是个优秀学生!”

博士后科研工作结束后,林亦清进入了一个大的公司做技术工作,现已经是公司的技术总监了。

二十多年以来,我们一直保持着密切联系。在联系过程中,他一直恪守我们当初的约定,对我没有任何形式的回报。

每每想到此事,我心里就十分畅快、欣慰。

……

1993年,我受聘到天津戏曲学校兼授中国戏曲史课程,时间为一年。班内的学生都是学习表演、伴奏等专业的。在我授课大约两个月,与学生都已熟悉之后,有一天课后,有两个学生来找我说:“吴老师,我们想在毕业之后,去考中国戏曲学院,您看可好?”

我看了看他们,其中一个男生叫姚力,另一个女生叫邱曾慧,他们都是学伴奏的。我便问道:“你们为什么要考大学?”

邱曾慧先说:“为了要深造。”

姚力说:“我想把胡琴拉得更好。”

我说:“你们的想法很好,是上进的表现,我十分支持!但是,你们要知道,考大学的竞争十分激烈,是很艰难的,尤其是你们,一般偏重于专业课,而文化课却薄弱一些。所以,你们的任务很重。”

“我们来找您,就是希望得到您的指点和帮助。”两人异口同声地抢着说。

“没有问题,我一定帮助你们。愿咱们一起努力,保证明年你们俩都考上大学!”

从此,我就有计划地帮助他们学习文化课。

过了一段时间,邱曾慧一星期没来上课,听同学说她病了,正在家休息。周末我抽空去看她,到了她家附近,我手里拿着写着地址的纸条,找来找去,没有找到。此时,正有一位老大爷经过,我就上前去问他。他一看就说:“啊,是邱曾慧家,我知道,跟我来吧。”

老大爷带着我穿过一条小胡同,七拐八弯,来到了一个大杂院,指着其中的一间破旧的屋子说:“这就是邱曾慧家。”

我道谢之后,就敲了敲门,一个将近五十岁的妇人把门打开,请我进去。我进屋一看,呀!一间不足12平方米的小屋,竟放了两个上下床,再加上一个单人床,把屋子挤得满满的,连一张桌子都没有。我一抬头，只见邱曾慧正睡在一张双人床的上一层。

邱曾慧一看是我进来了，就忙抬起身子说："吴老师，大老远的，您怎么来了？太谢谢您了！"她接着指指开门的人说，"这是我的母亲。"

邱曾慧母亲忙让我坐在单人床上，连连说："谢谢！谢谢！真不好意思，我们家人多，屋子小，连把正式的椅子都没有。"

我问了问邱曾慧的身体情况之后，十分关心地问："你回家在哪里复习功课？"

邱曾慧为难地说："只能在床上。"

我又问："学校有自习室没有？"

邱曾慧说："没有。教室倒不少，但都是练功房。文化课没有自习室。"

我一切都明白了。

待邱曾慧病好回校上课时，我下课后把她找来，对她说："现在已临近期末，学校的课基本上都快要结束了，正是高考复习最关键的时候，你学习的条件要改善一下。这样吧，你到我家来住，和我的女儿住一间房，她现在已经毕业上班了，白天一般不在家，很安静，你可以专心致志地复习功课。"

邱曾慧一听惊讶地看着我说："这怎么可以？"

我忙阻止她说下去："可以，可以！就这样定了！"

我接着辅导他们俩文化课，邱曾慧就一直住在我家复习功课，直到高考结束。

邱曾慧和姚力双双被中国戏曲学院录取。现在姚力已成为著名京剧团的骨干伴奏家，全国闻名。

严志、孙军、林亦清、邱曾慧、姚力都很优秀，这主要在于他们的主观努力，但是，老师们的真情教诲在其成长之中也起着一定作用。

情感似乎不含道理，可是一旦动起真情来，被许多道理都说服不了的人，心头会顿时撞出火花，涌出暖流来——一切都被真情融化了！

真情是理性之源。

（四）歌颂青春焕发青春

1983年，著名作家王蒙在20世纪50年代所写的一部小说《青春万岁》被拍成电影公映，在社会上，尤其是在校园里引起了轰动效应。听说有些学生或年轻人几遍或十几遍反复去看。我为此也去看了这部影片，看后也为之激动不已。

小说和电影《青春万岁》，表现的是20世纪50年代，生活在女中校园里的一群高三女生青春、烂漫的学习生活。这群青年洋溢着青春的活力，她们朝气蓬勃、昂扬向上，处处、时时都表现出如诗似歌的青春热情。特点鲜明、生动感人。

我反复深思，逐渐理出了一个思路，即可不可以在先前组织过的多种专题交流会的基础上，和别的班联合，组织一个大型的演讲会，以“焕发青春”为主旨，激发起学生的青春活力，从而强烈地振奋他们的精神面貌，使他们积极地投入学习生活中去。

我把这个想法和几个同年级的也担任班主任的同事谈了谈，他们异口同声地表示赞成并要积极参与。其中有一位同事说：“我建议咱们去找校团委，争取他们的支持。”

大家一致同意，而且说走就走。于是几个人一起到了校团委。正好团委书记就在办公室里,我们简要地把想法说了,团委书记一听,立刻就说:“太好了!太好了!几位老师真有妙法,团委一定大力支持!”

一番讨论之后,大家做出了决定,即校团委和中文系联合主办“青春常在”大型演讲会,地点设在大礼堂,其他系的同学鼓励其自由参加,由我们几个老师准备会议内容,由我主持会议。而且,事先组织同学去看《青春万岁》电影,同时会前在校园里贴一张醒目的海报。

我接下了这个重任,和几位老师缜密、细致地研究并确定了演讲会的内容及进行方式。我很激动,很有信心,但也有些紧张:这么大场面的演讲会,以前未曾组织过,能否达到预期效果?出席的人数会有多少?

行!肯定行!因为我们紧紧抓住的是“青春”这个核心。几位老师都信心百倍。

为了趁热打铁,演讲会的时间确定为同学们看了电影的第二天晚上7点。

其实,在同学们看了电影的当天晚上,演讲会的气氛就已经酝酿得十分浓烈了。我当晚7点多特地来到了学生宿舍,想了解一下他们看电影之后的感受。一进宿舍大楼,就看见三五成群的同学在一起热烈议论着这部电影。他们一看见我走了进来,立刻围住了我,七嘴八舌地争着说。一个同学抢先说:“吴老师,《青春万岁》电影太好了!太好了!”有的同学说:“我太激动了!一直流着泪……”还有的同学说:“我还想去看!”接着,又来了一些同学参与讨论,气氛越来越热烈,一直到9点多钟,我才离开。

我们约请了五位都是在20世纪50年代经历过学生生活，又富有激情，表达能力很强的老师在演讲会上发表演说。他们是王雨玉老师、陈瑞瀛老师、郭临渝老师、郭瑶老师、张永年老师，加上我，一共六人。大家都做了充分的准备。

演讲会晚上7点举行，我晚饭后还不到6点就来到了会场。当时，已有不少同学在会场出出进进，显得很热闹。快到7点时，宽敞的大礼堂已经密匝匝坐满了人，同学们说说笑笑，情绪十分高涨。

礼堂台上的后墙上醒目地贴了红纸所写的大大的五个字：青春啊青春！

被邀请的五位老师也已坐在了台上。

7点钟一到，我就快步走上讲台宣布："'青春常在'演讲会现在开始！"

台下立刻响起一阵热烈的掌声，经久不息。为此，会议一开始，气氛就浓烈起来了。

五位老师依次上台发表演说。

他们以生动的语言、强烈的激情和各种新颖、活泼的表现形式，集中而充分地述说了20世纪50年代的青年学生的思想和生活，以及他们各自在20世纪50年代的学生生活中所经历的典型事例。所讲的事例都具有故事情节，形象而感人。

如王雨玉老师和《青春万岁》电影中的郑波是同届的学生，她是在北京女三中读完高中的。她把自己的演讲题拟定为《真的，这一切都是真的》，激动地讲了自己和郑波一样用青春的金线和时间编织的学生生活，真实而感人。

张永年老师谈自己如何在十几岁时就立下了做人类灵魂工

程师的志向。在学习阶段中时时把今日的学和明日的教紧密地结合起来,以求做一个合格的人民教师。

陈瑞瀛老师谈怎样和几个同学组成学习小组攻读专业课;他在讲自己的青春年华的难忘事例时,激情地朗诵了抗金英雄岳飞的词《满江红》,给会议气氛带来了诗的韵味。他刚刚张口,台下就有很多中文系的同学随着一起朗读:“怒发冲冠,凭栏处,潇潇雨歇。抬望眼,仰天长啸,壮怀激烈。三十功名尘与土,八千里路云和月。莫等闲,白了少年头,空悲切。……”

郭临渝老师谈他怎样组织文艺社团开展丰富多彩的活动,并现场表演了一段曹禺的话剧《雷雨》的对白。引起了学生们的热烈共鸣。

郭瑶老师的演讲题目是《每一代青年的血都是热的》,正在郭老师讲到最激动的往事时,大礼堂突然停电了,全场一片漆黑。当时,会场上没有一个同学离开自己的座位,也没有任何嘈杂的声音。郭老师继续在讲,学生们鸦雀无声地在听。不一会儿,电灯又亮了。郭老师是音乐老师,他讲到激动时,不禁引吭高歌,唱起20世纪50年代流行的歌曲《革命人永远是年轻》来,他高亢洪亮的男高音感染了全场的同学,不管熟悉不熟悉,唱得准不准,同学们都响亮地打着节拍,跟着高唱起来:“革命人永远是年轻,他好比大松树冬夏常青。他不怕风吹雨打,他不怕天寒地冻。他不摇也不动,永远挺立在山顶!……”当时,场内洋溢着动人的音乐旋律,几乎要沸腾起来了!

我谈的是如何艰难地取得了考大学的机会,及入学之后在一年级的黄金阶段,怎样如饥似渴地攻读学业。我在讲述中,朗读20世纪50年代在中国流行的经典作品《钢铁是怎样炼成的》

中的一段名言(当时已被许多青年奉为座右铭)时,台下竟然有同学也熟悉这段名言,就情不自禁地和我一起朗读:“人最宝贵的是生命。生命对于每个人只有一次。人的一生是应该这样度过:当他回首往事的时候,不因虚度年华而悔恨,也不因碌碌无为而羞愧。在临死的时候,他能够说:‘我的整个生命和全部精力都献给了世界上最壮丽的事业——为人类的解放而斗争!’”

这时,会场上的气氛更加热烈。同学们热情澎湃,甚至还有的同学激动地流下了眼泪。

两个多小时的演讲会,始终气氛高昂、火爆。同学们时而静静地专心听讲,时而发自内心地高呼,时而迸发出一阵热烈的掌声,时而引吭高歌,时而流下了热泪,时而情不自禁地欢声笑语……

老师们也被感染得异常兴奋、激动。

演讲会结束,我代表与会的老师和校团委的成员,用简明的一段话做了总结:

“同学们,“青春常在”演讲会的主旨是认识青春、焕发青春、珍惜青春、把握青春。

“在世界万物中,青春是最美的。

“青春是串在人生金链上的宝石,是一首饱含生命活力的诗,是一首激越磅礴的歌,是喷薄而出的红日,是熊熊燃烧的火焰。

“青春显示着一股钻天透地的力量。青春释放出生命的巨大能量。

“青春的永久魅力在于勃发不息的活力、创造力、意志力,在于长驻永存的志气、勇气、锐气。

“亲爱的同学们,你们都是青年人,在你们身上,都应该饱含着、充满着青春的独有特点，充分发挥青春的全部力量。希望你们都要有勇气承受时代赋予你们的责任与义务；你们要义无反顾地在理想王国里，开创前所未有的业绩！

“焕发青春！青春万岁！”

大会在一阵经久不息的掌声中结束。

但大礼堂里，校园里，三五成群的学生或围着老师热烈地攀谈；或聚拢在一处欢歌笑语；或挤在一起争辩不休，宿舍里灯火通明，久久不息。有的同学彻夜不眠写下了诗句……

天津青年报 83年12月3日

每一代青年的血都是热的

——记天津师专“青春常在”演讲会

“所有的日子都来吧，都来吧！让我们编织你们，用青春的金线和时间的璎珞编织你们。”影片《青春万岁》上映后深深打动了广大青年的心。天津师专德育教研室和团委为了加强对学生进行思想教育，以配合当前抵制精神污染的斗争，结合影片组织了一次“青春常在”演讲会。

参加演讲的老师都是五十年代的青年，有着和杨蔷云、郑波相似的经历。这些老师以澎湃的激情，生动的事例介绍了五十年代青年学生的思想、生活。张永年和陈瑞巖两位老师的演讲把五十年代纪律严明、团结互助、艰苦奋斗的学生集体生动地展现在同学们面前。郭临渝老师演讲形象地概括了五十年代学生的心理特征。王雨玉老师是和《青春万岁》的郑波同届的学生，她是在北京女三中度过她自己的高中生活的，看了《青春万岁》，她激动地把自己的演讲题拟定为“真的，这一切都是真的”。她从五十年代青年学生的生活谈到他们的理想以及为达到理想而进行的顽强努力。

正象郭瑞老师演讲题目所说的“每一代青年的血都是热的”，是啊，八十年代的青年何尝不是呢？演讲会会场气氛热烈，在演讲过程中同学们不断报以热烈的掌声。会议是在晚上进行的，正当郭瑞老师演讲到高潮时，忽然停电，此时会场上没有一个同学离开自己的座位，黑暗中台上老师继续演讲，台下同学鸦雀无声，台上不时传来他们在五十年代自己创作的歌曲，台下响起有节奏的掌声，会议在烛光下继续进行。最后九位年近半百的老师高唱《青年团员之歌》，伴随着手风琴声和同学们有节奏的掌声结束了大会。

演讲会结束后，同学们反应异常强烈。有的同学彻夜未眠写下了诗句表达心情，有的同学回到教室继续唱起《青年团员之歌》，没有参加会的同学把它引为憾事。同学们都说，“我们两代人之间没有隔阂，虽然我们生在不同的年代，但我们的心是相通的，[illegible]社会主义热爱祖国，我们的共同目标都是把祖国建设得更美好。每一代青年的血都是热的。” 赵枫 李伟秀

《天津青年报》1983年12月3日，以《每一代青年的血都是热的——天津师专“青春常在”演讲会》为题，登载了专题报道

事后，我收到了一些学生写的感言。有一个学生写道：“我们两代人没有隔阂。虽然我们生在不同的年代，但我们的心是相通的。”

许多年之后，有的学生来访时，还津津乐道地提起“青春常在”演讲会。

三、终生从教，永做园丁

从1960年初上讲台，到1996年退休，加上退休之后一直未走下讲台，我的教师生涯共有五十三年。曾教过多少学生，我没有统计过。但是，在这五十多年之中，我任何时候，都未曾离开过学生。我和许多学生情感融洽、亲密无间。从已年逾古稀、耳顺、知天命、不惑各个不同年龄段的老学生、到现在处于而立之年和风华正茂的年轻学生（这是在我退休之后受聘教课和举办专题讲座时结识的）都常接触，而且形式多样：或每年定期定点的大型聚会，或小范围地洽谈，或到家里探望，或个别交谈，或通电话，或通信，或发电子邮件等等。如师范学校1961年入学，1964年毕业的这届学生，都已七十或七十多岁了，每年定于年初九在干部俱乐部友谊餐厅聚会，我必参加。到2013年，已经连续举办十多年了。

1964年毕业的师范生于2009年聚会时的合影，我在前排左三

因为和一些学生交往了几十年,我们之间已经不是单纯的师生之情,而是已产生了深厚的友情,有的已成了莫逆之交。

我教过的毕业班的学生离校,或者再聚首时,都留有通讯录,至今已积累了二十多份,我都十分珍惜地保存着。有时,拿出来看一看,想一想他们学生时的娃娃脸,再想想他们工作之后的成熟样子,真是感慨万千。现在,我手里就拿着一份 1988 年毕业学生的通讯录,最前面写有我的留言,现摘录如下:

在分别十四年之后,一份《同学通讯录》又把我们紧紧地联结了起来。在这些熟悉的名字中,深藏着三年所结下的深厚友谊,蕴含着在不同的岗位上相互的关爱和鼓励;流溢着渴望重聚畅谈的急切心情。

愿这份通讯录能成为通往我们心路的热线,愿它能不时地传递我们之间的问候、祝愿、惦念,愿它能使我们敞开心怀吐露心曲。

班主任 吴亚芬

2002 年 10 月

许多年来,我还一直珍藏着封面写着"师生情"的相册,现共有四大本,里面完全是不同时期我和学生们的合影。这是我最珍贵的纪念品,翻开相册,就可以看到我所怀念的学生们栩栩如生的形象,从而牵动着在心底里蕴含着许久的恋念情怀,使我激动不已、倍感亲切。

此外,学生们的来信,及赠送给我的纪念册、书法条幅、绘画作品等等,我都完好地珍藏着。

我对学生心怀真情挚爱,学生们也同样对我怀有真情,关怀备至。有许多感动的事,使我终生难忘。

如在1963年年末,我因病躺在宿舍的床上休息。有一个女生叫武俊娥的来看我,过了十多分钟,我催她走,她答应了并开门离去。我以为她已回去,就蒙头睡下。可醒来之后,却发现被子上盖着我常穿的一件小棉袄。我很奇怪,原来这件棉袄是在一把椅子上放着的,怎么盖在棉被上呢?我拿起一看,发现棉袄的右边袖子上,本来破了的袖口,竟缝补好了,而且线头密密麻麻的,十分整齐。啊!这准是武俊娥补的。

病愈之后,我立即去找她追问。在我一再追问之下,她才点了点头。我再问她在哪儿补的,她说就在您住的宿舍过道上。再问哪儿来的针线,她说:“别问这么细了,您就穿着吧。”

这件旧的小棉袄,已经有五十多年了,早就该是废品了,可是我却依然保存着。因为,这不是一件平常的棉袄,在那袖口上,密密麻麻的一针一线都珍藏着诚挚的真情啊!

1964年暑假,我带的一个毕业班的学生都分配了工作,一切有关的工作都做完了,告别聚会也开过了。我因南京的家里有急事,需要回去,就走了。回来时,同宿舍的同事告诉我,就在我走的那天下午,一个女学生到宿舍来找我,她在门上咚咚地大力敲着,一见无人开门,就扑到门上大声哭起来……我的同事正在此时进来,问她是什么事,她说她就要离校了,想再见见吴老师,可吴老师却不在。我的同事告诉她,吴老师回南京去了。她一听只好走了,临走时,她在一个小纸条上写了“吴老师:我想您!”六个字留下。我的同事说完之后,就把小纸条给了我。

这小小的纸条，蕴含着深深的情意啊！沉甸甸的啊！……

在1969年的秋季，我带着学生去农村劳动，我们正在忙着锄地，我突然晕倒了。同学们十分焦急，有的赶快跑回村里找大队长，有六七个男生急忙扶起我，但我一时站不起来，他们就左右紧挨着一起把我抬起来，艰难地从坑洼不平的田地上走出来。接着又换了几个男生继续抬着我往前走……后来，大队开来了一辆拖拉机，把我抬上去，学生们才放手。我晕倒之后，神志还清楚，虽然全身都十分不适，且呕吐不止，我流泪不止，不是因为自己病情的折磨，而是感动。这些学生都才是十五六岁的孩子啊！

2005年我因患肠道疾病，需要做一个小手术，大夫说不需住院，在门诊部做即可。我一听心里就踏实了。因为我的家庭情况比较困难，儿女不在身边，爱人又患有严重的眼疾，不能独立行动。我想在门诊部做手术，不会要求家属陪着了。在约定的时间，我就去了医院的门诊部。可是，大夫一看只有我一人来，就要求必须有家属同来。我把家庭情况说明之后，大夫答复说，没有家属来，手术就不能做。为此我只好作罢。

在我从医院的门口出来时，正碰见了住在医院附近的毕业多年的学生武俊娥。

她看见我时，就贴近我说："吴老师，您是来看病吗？得了什么病呀？"

我支吾着说："没有什么，没有什么。"

她仔细地观察着我："吴老师，从您的脸色看，您肯定有难事。快说！快说！"

她紧紧地拉着我的手，急等着。

见此情景，医院的要求，我不能不说了。

她一听连忙说:“我当家属去陪您,我去！我去!”

就这样,我需做的手术,在这个“家属”的陪同下,顺利地做了。

也就在这一年的冬季,这个班聚会时,我在聚会上说了这件事,对武俊娥表示了由衷的感谢。大家听后,纷纷议论。然后,班干部郭凤英说:“吴老师,我们刚才商量了一下,鉴于您家庭困难,我们决定:在您需要人力相助时,我们排班轮流去照顾您。”

句句挚爱,字字真情,一股强烈的暖流,涌到了我的内心深处,我不禁潸然泪下。

1981年师专从全国统一高考中录取的第一届学生毕业了。我任班主任的一个班的学生和我依依惜别时,我们互赠了一些纪念品。

其中有一个男生叫刘凤仪,赠我一个记事本。扉页上写了如下一段话语:

敬爱的吴老师:

我三十岁求学,进入师专。承蒙您对我慈母般的关怀,严父般的教导,才使我较顺利地完成了学业。在这即将毕业和您分手之际,我心潮起伏,思绪万千。您关心、帮助我一桩桩往事的情景,又浮现在我的眼前……但由于条件所限,无法表达我对您的感激之情,更无他礼相送,只敬赠您劣本一个,微表寸心,诌歪诗一首,留做纪念:

而立之年又求知,吾生有幸遇良师。

教诲之恩终不忘,含泪恋别迈步迟。

您的学生　刘凤仪

1881年7月10日

还有一个中学女生叫李建敏。她十四岁就进了我担任班主任的一个班,现在已经五十多岁,并退休多年了。四十多年以来,一直和我保持密切联系。她家原来住在我校教工宿舍附近的一个小胡同里,贴近我家,我们常来往,十分熟悉。可在她毕业之后,由于整体拆迁,她家就搬到了离我很远的小海地一带,仍然和我保持联系。尤其是退休之后,和我来往更多。虽然她的家务负担很重,既要每日照顾丧偶的老父亲,还要关照同样丧偶的婆婆,但还十分关心我。因为她对我的家庭情况很了解,觉得子女不在身旁,老伴又患严重的眼疾,困难较多,也需要帮助。所以,她常常不打招呼就来我家,就像回自己的家一样,嘘寒问暖,看到需要做什么,就主动做起来。例如我不擅长烹饪,做的菜不好吃,她就下厨教我;看到我们生活上还缺什么,就提醒我去购买。我们还倾心交谈,畅所欲言。如我向她倾诉思念儿女之情;她向我求教在出现一些人际关系的矛盾时,如何化解……有时,如果她知道了我因身体不适没有做饭,就赶忙坐公交车,来回花近两个小时的时间,送来她做的可口饭菜。每当想起这个事,我的心里顿时感到浓浓的暖意。此外,她竟然不知从哪儿打听到了我生日的具体日期,四十多年以来,每到这一天,她都要打电话或到我的家来祝我生日快乐。

这样的师生之情,常常使我感动地从中体味出了亲情的温暖。

有一天她到我家来时,一进门就拥着我喊了一声:“妈,您好!”

两情默契,这是长期存于内心最里层的感情积淀而升华出来的特殊之情啊！

其实，师生之情和家人的亲情，是相互融和的，是紧紧相通的。

我在中学里曾经教过的学生魏伟，在“文革”期间，许多与他同班的同学，由于受到“读书无用论”的谬论的干扰，都无心学习，可是魏伟当时小小的年纪，却十分自觉地埋头读书，刻苦钻研。1979 年恢复高考时，他被天津医学院录取。在大学攻读医学专业课时，十分努力。毕业时，他以优异的成绩被分配到天津最好、最大的医院总医院脑外科当医生。至今已三十多年，他现在已是很有名气的主任医师了。2009 年，《天津日报》以大半版的篇幅，刊载了他的动人事迹。在功成名就之时，他还念念不忘少年之师。每年春节他和爱人杜晓华（也是我教过的学生）都来我家拜访，亲切问候。

傅世荣、郭凤英、武俊娥、刘俊敏、贾俊、朱贵文、刘妍容等师范生，1961 年入学，至今已五十三年了，我们还常常联系。

陈敏是我 1964 年教过的学生，距今已经整整五十年了，可是和我一直密切联系。还有这个班的二十多名学生，如迟同、宋惠敏、张小均、刘连芝、胡志国、陈惠玲、李宝贵、靳志敏等，每年都聚会，我必参加。大家见面时其乐融融。

我所教过的中学生，现在也都已五十多岁了，但仍有许多学生和我经常有联系。如付学嫚、宁培琴、翟森、马振宏、王洪典、沈俊义、李明、刘建、肖文、樊洁、罗金荣、蔡伟华、王琴、宁书红、杨启瑞、王振宝、李兆明、种景全、周宝泰、路普等。

我教过的师专毕业的学生，至今与我保持联系的，也有许多。如：孙秀荣、郭新生、马廉、何铁冰、温淑敏、安保民、贾国英、韩海萍、房万林、杨继先、高芳、张文平、闫立华、刘东田、张长民等。

2014年5月母亲节时,我收到了学生樊洁的电子邮件。她发来的邮件其中写了这样一段话:“敬爱的吴老师:您是看着我们长大的,就像母亲一样对我们倾注了无限的爱心。我们每一点进步都离不开您的关心和爱护,您身教重于言教,影响我们一生。衷心感谢您!”

每当看到这样的信件或当面叙谈,我都会感受到强烈的激励力量。

至于有的学生事先未联系,就到了我家,我恰恰不在,就在门口等了两个多小时。我到偏僻的地区去家访,走的时候,学生和家长一直送我到比来时方便得多的公交站。夏日,我十一岁的儿子和几个小伙伴一齐到海河边脱衣服要去游泳,被一个学生看见了,为了安全,他连劝带拉,硬把他们送回家。还有越洋电话传来的声声亲切的问候等等,这些点点滴滴的动人细节,都铭刻在我的内心深处。

这些细节,不胜枚举。

因为有学生在,我常常生活在感动、温暖这个情感的磁场里。感动是一种强烈的情感碰撞和心灵感应,十分圣洁。人在感动的时候,心里总是暖暖的,温馨的。所以,感动沁人心脾,如沐春风。

我常常为此感到欣慰和充实。

与众多学生之间的深厚感情,是我决心终生从教,永做园丁的坚实基础。

……

1983年9月,在一次欢迎新一届师专学生入学的大会上,校领导决定要我代表全体教师向新生祝贺,我当场朗读了自己所写的一首诗,表达了教师的心声:

我是一个普通的教师,
一个平凡的园丁。
在我的生命历程中,
没有叱咤风云的丰功伟绩,
只有课堂、书籍、学生。
可是,当我拿着讲稿走进教室,
面对着那几十双专注的眼睛,
我就精神振奋,热血沸腾,
从肺腑里迸发出强烈的心声:
我从事的工作最神圣!
当我用那特有的钥匙,
打开迷途者心扉上的铁锁,
看到他和同学们一起迅跑的时候,
我就感到万分欣慰,无比光荣!
三十多年的日日夜夜,我埋头书案,
讲稿上那无尽的笔痕,
化成了额角上条条皱纹。
初上讲台,我还是一个风华正茂的青年,
而今,已面容憔悴,白发添增。
可是,如果我的生命还有三十年,
我就要战斗一万个秋冬,

在那神圣的讲台上，
走完我生命的全部历程！
亲爱的同学们：
憧憬未来，
你们的心弦也一定和我一样，
被强烈地拨动。
因为你们的路走得对，
你们的前途充满阳光，无限光明！
爱吧！
爱我们的师专，爱教师工作！
爱那些祖国的花朵，你们未来的学生！
让我们共同用心血浇灌满园桃李，
用智慧造就万千栋梁！
为实现光辉灿烂的四化前景，
献出我们全部的热和能！

这首诗朗诵完毕时，会场上响起了一阵会心、共鸣的掌声，经久不息。会后，一些新生说："这是我们入学后的第一堂课，教师的形象生动而感人，已经深深地刻在我们的脑子里，忘不掉了。"

1991 年，有一天，学校召开了一个专题的教师大会，目的是为了研讨怎样更好、更有效地对学生进行专业思想教育，激发他们热爱教师职业。大会上，四位老教师争相发言，谈了自己几十年热爱教育事业的体会，总结出一个共同的结论，即对学生进行专业思想教育最有效的指导思想，就是教师要坚持现身说法，从一贯的身教中使学生不断感受到对教育工作的热爱。

我对这个结论十分赞同，而且，在工作实践中，也自觉地体现着。为此，我也想抒发自己这方面的感受。可我没有像通常一样来发言，而是朗诵了为了用感性方式教育学生而写的一首诗：

我是一滴露珠，
滋润着早春的花圃。
当百花盛开，芬芳吐露，
露珠的生命已正在干枯。
但，我并不悲伤，
我骄傲，
我做了花儿的乳母。

我是一寸泥土，
把种子育成幼苗托出。
当幼苗长成参天大树，
泥土仍默默地铺在原处。
但，我并不悲伤，
我自豪，
我做了栋梁的立脚基础。

我是一支蜡烛，
照亮着勤学者的道路。
当他们打开知识的宝库，

蜡烛已流尽了最后一滴泪珠。
但,我并不悲伤,
我欣慰,
我的光已闪现在学成者的双目。

我朗诵这首诗时,全身心都充满着激情。加上同事们热烈、赞许、火辣辣的目光紧紧地注视着我,我激动的情绪难以自抑,全场的气氛也高涨而浓烈。

……

我终生从教,我爱教育,我爱本职工作,我爱学生。

从几十年的教育工作中,我深深地体验到,做一个人类灵魂工程师,我们所履行的职责,是神圣的,意义非凡。因为我们的工作对象,是朝气蓬勃,积极上进,昂扬、奋进、求知的年轻人,而且,我们的责任,是要把学生培养成国家和社会所需要的栋梁之材。

我先后获得过不少市、区、校的奖励,这固然对我都是一种鼓励,但我心里总想着的是责任、是使命。

优秀教师奖状

为此,几十年来,为了尽职尽责,我一直都像赶火车似的忙着,像老牛耕地一样干着。我很累,也很苦,但累中有乐,苦中有甜。在回顾往事的时候,最使我感到重要的,是自己选择了教师这个职业;

最使我感到幸福的，是有数不清的学生。

走这条人生之路，是完全正确的。

四、提高教学能力，力攀学术高峰

高等学府是培养专门人才的地方，对任课教师在业务上的要求一贯非常严格。任课的教师，如果不努力提高教学能力，不努力提高学术水平，必然不能胜任。对此，我深有所知，所以，从教以来，我一直在不停地提高教学能力，并力攀学术高峰。

前文我已提到，在自己初上讲台时，由于大学期间政治活动过多，荒废了学业，以致知识欠缺。面对这种现状，我对自己的要求是以最快的速度补上专业知识方面的不足。

如在讲鲁迅的作品时，除了反复精读并钻研所要讲的具体篇目之外，还购买了一套《鲁迅全集》。从中选出一些相关的篇目认真阅读，以求宽泛地了解鲁迅的思想、精神及写作特色。再如讲解唐诗宋词时，除了精读、背诵、领会所要讲的篇目的深刻含义及表现手法之外，还广泛阅读唐诗宋词的一些经典篇目，以求加深对这一黄金时期诗词创作特色的理解。

我由点点滴滴入手，持之以恒、坚持不懈。经过较长时间的努力，通过教学实践的检验，我体会出自己在弥补知识缺陷方面，有了长足的进步。为此，在内心深处感到略微有一些宽慰。但我立即就告诫自己：提高业务水平是一条很长的路，要一直努力走下去，不能放松和停顿。

作为一名高校教师，在教学上，除了要具有坚实的业务基础之外，更要在所教科目的质量和深度方面不断提高，而要达到这个要求，必须付出更艰巨、更高层次的努力。

如我在师专中文系任教时，是教古典文学的，而在具体分派课程时，我主要是讲元、明、清时代的作品。这一时代的主要作品是古典四大名著和几部戏曲经典作品。四大名著指的是《三国演义》《水浒传》《西游记》《红楼梦》。这四部长篇小说所以称为名著，是因为都是文学史上的经典，是不朽的传世之作。尤其是《红楼梦》更显其经典和上乘，凡是中国古典文学的爱好者，《红楼梦》一书是必定要精读的。而在学的中文专业的学生，更是要重点学习。研究《红楼梦》的专家、学者众多，都被称为“红学家”。鉴于上述情况，作为专讲这些课程的教师，要承担很重的责任，要把这些名著给学生讲深讲透，而且生动、精妙，必须投入更多的精力深透地钻研。对此，我十分重视，而且全力投入。

为了保证教学质量，我所下的功夫难以尽述。

……

除了教学上要保质保量，不断创新，高校教师还要在学术上不断创作、发展。

这也是一项不能忽略的重要任务。对此，我在认识上始终清晰和明确，即一定要在保证教学质量的前提和基础上，全力提高学术水平，在我已取得较多的成果之后，如每年我都写有论文，并在正式刊物上发表，同时，在三年内，还出版过两本专著。但我绝不满足，而是经常告诫自己：绝不能有任何的松懈。因为，提高是没有止境的，一定要继续钻研，多出科研成果，力攀学术高峰。

职称是专业人员的专业水平和能力的等级称号，是达到一定专业年限，取得一定业绩，经过考评，所授予的一种任职资格，是学术水平的标志，同时也是专业素质的一个被社会广泛接受、认可的评价。

这项工作如果推行得当和公正、对广大专业人员的工作积极性、责任感、使命感，科研的创造性，都有很大的推动力，并进而具有权威的导向性和引领作用。

职称评定是高校工作中不可或缺的重要部分。为此，每一个高校根据制定的统一标准，每年都要进行职称评定工作。为了确定和区分教师教学能力和科研水平的不同层次，大学的教师职称分为四级，即助教、讲师、副教授、教授 。每年进行职称评定时，每一个教师都可根据自身的情况，在原有职称的基础上，提出晋升高一级职称的申请，并参加考评。

既然职称评定是考核教师的专业能力和学术水平的标志和评价，为了促进自身的提高，每一个任职者，都必然会重视和认真对待职称评定工作。我也同样重视，把不断提高教学能力，力攀学术高峰这一长期努力目标和参与职称评定，融合在一起，使自己获得进一步提升。

1980 年，我通过职称评定，获得了讲师资格之后，就不断尽力向副教授的标准靠近。1988 年 8 月我比较顺利地通过了评审，获得了副教授的资格。之后，我继续努力，向最高层次——教授的标准奋进。

教授既然是高校内职称的最高层次，那么，无论是教学能力和业绩，还是学术水平和成果，也必然是最高层次的，而且，评审也是极为严格的。对教授的评审共有八个环节，也就是说，凡是提出参评教授申请的教师，都要过八个关口——从教研室讨论、评审、无记名投票通过之后，再通过系一级、校一级、高教局有关部门两级、市里有关部门两级，最后由天津市高等学校教师职务评审委员会一级的评审和投票通过，而且每一级无记名投票比例必须达到三分之二以上才有效，差一票就要被否决。

面对如此严格的评审标准，有些副教授望而却步，有些副教授参评多次，都被否决，就不再参评。

难度虽然很大，但我积极面对，努力创造条件。

在取得副教授的资格六年之后，我于1994年提出参加评审教授的申请。

在被前两级评审、投票通过后，到第三级，也就是校评审委员会上，因赞成票未超过三分之二，我的申请被否决了。

我对这次的受挫缺乏足够的精神准备，所以得知被否决的结果时，对我是一个很大的冲击。从教三十多年以来，我始终从严要求自己，在教学上、科研上勤奋努力，不断提高，业绩显著。可却在职称评定这个重要而关键的环节上遭受了挫折，承受了精神压力。对此，我一时不能摆脱挫败感。

可是，经过一番思索，我逐渐地冷静了下来，思路也扭转了过来。我觉得在失败面前，不能高估自己的优势，而是要从客观上严格地查找不足，确立努力方向，继续拼搏奋进。固然，在教学上和科研上我确实有成绩，但是，距离最高层次，还会存有差距，而且，我给自己所定的“力攀学术高峰”的努力方向是没有止境的，所以，要把注意力集中在这个方面。认清了，找准了，就有了前进方向。经过反复的深思熟虑之后，我豁然开朗了。

于是，除了自己找差距之外，我找了负责教学和科研的副校长，请他帮助我找差距。他语重心长地对我说，今后要在论文方面多下功夫。

接着，除了保证教学质量之外，我的精力都用在论文写作上。

写好一篇论文的难度是很大的。首先，需要搜集许多资料，反复阅读，从其中汲取精华。然后是构思和布局谋篇，在做好这些准备之后，再开始书写。进行到此，是一篇论文创作中，最重要，也是最关键、最费精力的一步。最后进行修改和补充。

一篇高质量的论文，必须立意鲜明、观点正确、内容丰富、有深度。经过一年时间的精心努力，我一共在正式刊物上发表了六篇论文，其中，有两篇论文刊登在国家一级刊物《教育研究》和《中国高教研究》上。

我一年的科研成就，上述短短的文字，就可概括表明，可是回顾这一年我所花费的脑力、精力、笔力的情景，却是一般语言所难以尽述的。六篇论文的四万多字，从付出的代价的角度上说，真可谓是字字、句句都渗透着满腔心血啊！

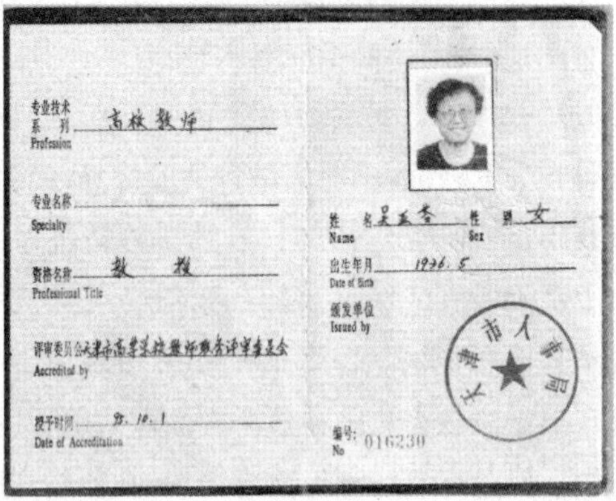

教授职称成功通过

一个人身负重担，终日忙碌，确实艰辛、劳累，但如果是在胸怀明确目标和奋斗方向的推动下所作所为，却又是一种自觉的行为。所以这一年来，我虽然终日紧张、劳累，而实际上在内心深处，却感到十分充实而有兴味，因为我所做的，都是有意义的。

1995年，我第二次申请参评教授职称。八道关口俱已顺利通过。

当年10月，我被评为教授。

在人生道路上，我又大大地跨越了一步。

我要走的路还很长，要继续努力走下去……

第四章　教育百花园中的一枝新葩

历史要不断发展，社会要不断进步，而推动历史发展和社会进步的动力是创新。

进步、发展必须要创新。

创新的内涵是求新、求变、进取、开拓、奋进、勇气。

创新思路的产生是以有别于常规的见解为导向，利用现有的知识和物质条件，本着理想化的需要，创造新的事物、方法和途径。

创新的体现，是把要探索的意向，作为重大的责任压在肩头，使之没有退路。在前进中发挥出内在的全部潜能，催唤出高度的智力和自信心。

如此，创新必能成功。

一、改革中学语文教学方法的探索

从1960年到1986年，这二十六年来，为了争取能做一个称职的教师，我一直坚持按照初上讲台时给自己提出的要求“努力、努力、再努力”，不断积累教学经验，提高教学水平，所以，教学水平有了显著的变化和提高。在这种情况下，我觉得为了全面发展，除了仍然要认真教课以外，还应当在学术、教改方面也下些功夫，争取有所创新。

在这个指导思想引导下，我首先想在中学语文教学方法的改革上着手摸索。

师专的培养目标，是造就合格的中学师资，所以，我们和中学有着紧密联系。再加上每年我们都要带学生去中学实习，而且我还曾教过中学的语文课，这些实际情况，都为着手进行中学语文教学方法的创新，提供了有利条件。

中学语文课本中的课文，都是精选出来的古今中外的经典文学作品，内容丰富、深刻，艺术特色十分突出。学生们学起来应该是津津有味，兴趣盎然，受益深刻的。

可是，我们在一些中学里所听到的语文课，却存在一些明显而需要注意的问题。为了追求升学率，尽力提高成绩，许多教师在语文教学中逐渐形成了一种类似“八股文”的套式。再如不论是什么体裁，什么内容的课文，最后都是强调必须要熟记，甚至还要背下来课文中的生字、生词、难句、段落大意、中心思想、写作特点六条。

固然，语文课的工具性，不可忽略。从字、词、句、段入手的传统语文教法也是一种基本教法，但是，任何一种教法，如果长期因袭不变，就必然导致僵化。这样，势必会把许多动人、优美、感人的经典名著，分解得支离破碎，致使课堂气氛沉闷、枯燥，学生也无精打采，感到索然无味。

有一次，听课之后，我和坐得近的几个学生随便交谈，其中有一个叫张贺的学生说：“物理、化学等课常常做实验，新鲜有趣，可语文课总是字、词、句、段地死背，只能抠课本，很没有意思。”

学生的这番话引起了我的深思。

其实，语文课本里所选定的经典范文，都是应该可以引起学生学习兴趣的，可为什么许多学生却感到乏味呢？当然，这首先是中学任课老师应该深思并大力改进的。而我们培养中学师资的师范院校的教师，也应当责无旁贷地承担中学语文教改的任务，积极投入，并力求创新。

在这之后，我认真地反复思考这个问题。我翻遍了初中、高中的语文课本，读着那些脍炙人口、精美绝伦的文学名篇，被篇篇精品中的美所深深感染和触动，激情满怀。可是，有些学生在课堂上学习这些经典作品时，为什么却味同嚼蜡呢？我思来想去，作为一个培养中学师资的师范院校的教师，一种责任感和使命感，促使我苦苦地思索着创新之路。

由于我在古典文学的教学中，常常侧重讲授元、明、清部分，其中的戏曲创作在古典文学的创作成果中堪称首位。加之从青年时代，我就酷爱戏剧，而且，也常创作些剧本，有些在戏剧刊物上发表过，有些被剧团采用过。在摸索改革语文教学方法的过程中，上述的经历，无形中使我的思路靠近了戏剧，从而萌生了把戏剧和教育结合起来的理念。

如此，寻找戏剧和教育相结合之路的渴望与开拓教育改革重任的使命感，强烈地碰撞、融合到了一起。于是，把课本里的文学名篇改写为剧本，寓教于乐，以辅助课堂教学的愿望，就在我心中思索、酝酿，进而形成了！

于是，我立即就去找我的挚友和师姐王雨玉。她一听，就表示赞同，而且要参与编写。我高兴极了！为了加强编写力量，我们又一起找到了同教研室的老同事韩新光老师，建议他也参与编写，他也欣然赞同。于是我们就组织了一个编写组，开始创作。

我们首先确定了书名,即《中学课本剧》,然后分了工,根据各自的专业所长,选定课文,分头编写。并且我们统一认识,约定了编写原则。其中最重要的是,必须不脱离原文。如剧中的人物道白,必须是课文里边的原话;场景、道具等,也必须基本是课文里所描写的。此外,还要边写边实践。

主管教学的陈振恒副校长和科研处处长王大友,得知此事时,十分重视并大力扶植。不久,便把此项创作列为学校科研项目之一,同时还上报到高教局科研处。他们也表示支持,并给予了必要的科研经费。

二、创作《中学课本剧》

我们于 1986 年开始创作《中学课本剧》。创作历时三年。

三年的创作过程,对于我们来说,十分艰难。因为,我们都各自承担着繁重的教学任务,也都已年过半百,而且健康欠佳,如韩新光老师多年以来一直患有肝炎。但是,为了给中学语文教学改革找到一条创新之路,我们克服重重困难,兢兢业业、坚持不断地努力创作。

我们的设想是一边创作,一边和中学教师一起组织学生试演。在我们写成了《七根火柴》《变色龙》《最后一课》《驿路梨花》《项链》《范进中举》《坚强的战士》《第二次考试》《左忠毅公逸事》《一件珍贵的衬衫》等近二十个剧本之后,就到一些中学试演。

在组织学生试演时,许多动人的场景,令我激动不已,经久难忘。如八十一中初中学生试演俄罗斯著名作家契诃夫的名篇《变色龙》的那天,我十分高兴地去看演出。这所普通的初中设备较差。他们没有礼堂,连大一些的教室也没有。全年级的一百多个学生就挤在楼道里(包括楼梯)看演出。楼道里也不可能有舞台,两块旧窗帘一拉,就有了台。参加演出的学生们,初次上台,论演技,根本谈不上,但是,演员演得特认真,学生看得特高兴。场上的笑声、鼓掌声此起彼伏,有些学生兴奋得连喊带叫,演出气氛浓烈极了。坐在他们中间,我双眼湿润,心潮翻涌,感慨万千。

演出之后,我找到了演剧中主要人物奥楚蔑洛夫的学生,他叫韩振。

我问他:"奥楚篾洛夫是个什么人?"

他说:"是个奴才。他见风使舵,变来变去,都是为了讨好大官。"

我又问他:"你演了这个课本剧,有什么感想?"

他说:"我一辈子都忘不了《变色龙》这篇课文了!"

学生简单而真实的回答,使我更深刻地感觉到《课本剧》创作的生命力。

在八十一中初中学生中试演了课本剧之后,我和这些学生结下了深厚的忘年交。在告别他们时,学生们送给我一个精美的相册,把他们演出的课本剧《变色龙》剧照贴上,而且还写了一段话:"敬爱的吴老师:您编写的寓教于乐的课本剧,我们是那样的喜爱!您是在以美的心灵塑造着学生们的灵魂。八十一中学初二学生。1988 年 6 月。"

这个相册我至今还完好地保存着。

如二十中高二学生演出了由古典名著《儒林外史》中选出来的课文改编的课本剧《范进中举》。在剧中扮演张乡绅的管颂扬同学和我交谈时说："为演好张乡绅，我阅读了《儒林外史》有关张乡绅的描写。这个人物在我心里'活'了起来。在演出时，我力求用表情和动作来表现他的势利、虚伪、阿谀奉承、献媚取宠。如我一上场，特意做了向范进、胡屠户、衙役抱拳行礼，而对站在一边的平民百姓不屑一顾的动作，并夹带着两声干咳，用来突出他的势利和虚伪。"看得出来学生通过演出，对课文的理解和掌握更加深刻了。

再如卫国道二中的冯军老师做过一次别开生面的观摩课，即在分析、讲解了法国著名作家都德的《最后一课》一文的基础上，师生合作，当堂演出了这个课本剧（不需化妆，也不需道具、布景）。冯老师扮演韩麦尔老师，几个学生分别扮演小弗朗士及其他法国小学生。师生们都沉浸在强烈的爱国情感之中，演出中多次流泪。听课的老师及教务主任也流泪了。不动真情不流泪啊！这个观摩课把学生带进了爱国情感的氛围之中，使他们受到了强烈的艺术感染。课堂上的动人情景，必将久远地留在他们的记忆之中，终生难忘。

为了扩大试验和影响，我校与天津戏剧家协会、天津市教育教学研究室，于1987年11月10日联合举办了"天津市课本剧专场演出"，并邀请了市、局领导及全市各中学的师生代表到场观看并指导。当时，由我校、二十中、海河中学、天津人民艺术剧院、天津儿童剧团、天津表演艺术辅导中心分别演出了《变色龙》《最后一课》《坚强的战士》《第二次考试》《范进中举》《项链》《左忠毅公逸事》《一件珍贵的衬衫》《七根火柴》《守财奴》

十个课本剧。

当中央电视台青少年部得知此事时，十分重视，除了表示要参与主办此次演出外，还三次专程来天津拍摄录像，准备制成专题节目，向全国播放。

天津二十中学演出的课本剧《项链》

由于参办单位和参加演出的专业演员和中学师生的通力合作和热情投入，这次专场演出获得了圆满成功，在教育界和社会各界引起了强烈的反响。随后，《人民日报》《光明日报》《文汇报》《中国教育报》《天津日报》《天津今晚报》《天津教育》《中学生》《课内外辅导》，以及中央人民广播电台、天津电视台、天津人民广播电台等，都以不同形式登载或播放了课本剧专场演出的新闻。此次专场演出不仅在天津，而且在全国都产生了广泛的影响。

此后，中央电视台于 1988 年 3 月及 4 月开始以《课本剧在天津》《戏剧家与课本剧》为题反复几次播放了专题节目。这样，课本剧这种创新形式的影响，进一步形成了高潮，覆盖面遍及全国各地。

课本剧专场演出之后，我们一面继续在中学试演，一面接着加紧编写剧本。到 1988 年 8 月，我们已将初中、高中 12 册课本中古今中外的 49 篇名著编写成剧体，共 27 万字。

同时，我们每天都能收到来自全国各地的信件，还常常接待从外地专程来访的中学领导及教师代表。于是，我们就把已写成的剧本，油印成册，向需要的学校一一赠送。但是，虽然我们不停地印、不停地寄，也远远满足不了各地各校的需要。在这种形势的促使下，也为了课本剧活动获得长存的生命力，我们决定争取正式出版《中学课本剧》一书。

天津的出版社很多，但是，从专业角度考虑，我们决定争取由中国戏剧出版社出版。于是，我带着书稿去了北京和中国戏剧出版社联系。该社主编接待了我。他十分热情地对我说："我们已经了解了许多有关课本剧活动的情况，这种寓教于乐的创新很好。社里本打算去天津联系，你今天倒来了。你把书稿留下，我们审定后，只要符合本社的要求，就一定支持你们，正式出版。"

三、我访戏剧大师曹禺

课本剧的发展到了这个阶段，出现了一个有重要意义，而且使我久远不忘的"插曲"。

出版一事联系好之后，在商量请人题写书名时，我们不约而同地想到了中外闻名的戏剧大师曹禺老先生。这本书如果能由他题写书名，是再好不过的事了！

我们为此越想越兴奋，可兴奋之后，又都感到茫然了——这位大师名气太大，我们这些普通教师和他素未谋面，从无联系，如何去找？

努力试试，成则好，不成就作罢。我们这样商定，并决定由我去办。

我首先找到了天津剧协。剧协秘书长韩之栋热情地表示愿意帮忙,但也认为事情很不好办。因为曹老工作和社会活动都很多,而且年事已高,健康欠佳。虽然如此,他还是想了个办法,即给我写了一封介绍信,要我到北京的中国剧协去联系。

我到了北京,中国剧协的同志也同样热情地接待了我,但也同样表示不好找。为了帮助我,他们破例给了我曹禺先生的家庭电话,鼓励我试试看。

听他们都这样说,我心里就更没底了。但我想,既然已经来了,就一定努力争取一下。

这时,已经是中午12点多钟了,我急忙去拨电话。连连拨了好几次,电话一直占线。我就一直不停地拨下去,终于拨通了。从电话里传来了一个女性柔和的声音——后来才知道这是曹禺先生的夫人,著名的京剧表演艺术家李玉茹老师。在我自我介绍并道明来意之后,她让我稍候一下。大约过了一两分钟,那柔和的声音又从电话里传了过来:"吴老师,请您下午4点来我们家。"接着就把家庭地址告诉了我。

啊!原来认为很难办的事,一下子就变得如此简单了!而且还是到大师的家里去谈——一般情况下,名人的家是生疏的人不便去的。

下午4点,我敲开了曹禺先生的家门,开门的正是李玉茹老师。她微笑着和我打了招呼,就把我带进客厅。

走进客厅,我一眼就看到曹老端坐在沙发上。他看见了我,就站起来走了过来,紧紧地握着我的手,连声说:"欢迎你这位天津的客人!"那从眼镜片里射出来的亲切而亮闪闪的目光,一下子缩短了我和这位大名人的心理距离,也消除了我的拘束。于是,我就放松地坐了下来。

大师的谈兴很浓,他说了许多话,比我说得多。大致上有两方面的内容:一是关于课本剧的事。他说在我来之前,他已经知道天津在搞课本剧活动,感到很高兴,并鼓励我们继续搞下去。二是回忆20世纪20年代他在南开中学和南开大学上学时演话剧的情景。讲起青年时代的事,他越说越兴奋,苍白的脸上泛起了红晕,神采飞扬。谈话中,他还爽快地表示一定给我们题写书名。此时,我脑子里一下子又冒出一个兴奋点:大师如此支持,何不请他再为我们写篇序言?那岂不是锦上添花?但看着他虽然不时泛出些红晕,但仍是苍白的脸,我实在不忍心提出这个得陇望蜀的要求了。

时间在交谈中飞快地过去。虽然我还想谈下去,但我同时也意识到年迈多病的曹老需要休息了。于是我留下地址,起身告辞。在送我出门时,他一再说,书名写好之后,一定立即寄去。

我回来之后,没有急着等信件。根据曹老的情况,我判断至少也得一两个月才能有回音。

可是,就在我回来一周之后,也就是10月6日的上午,收发室的小付给我打来了电话:"吴老师,快来拿快件!是曹禺先生寄来的——信封上写了他的名字!"

啊!这么快,还是快件!我一路小跑,一进收发室的门,一下子就看到了那封信——大大的、厚厚的。我立即拆开来。那里面装着在大张宣纸上写成的书名及签字,十多条。还有一封信,信中首先写道:"吴老师:你好!这两天我病了,又有事,以致耽误了几天,"——这么快就写好了,哪能是耽误啊!信中又写道:"写了许多条书名,请就其中略堪入目的选用吧。"——上好的书法艺术,哪能是"略堪入目"呢?此外,更令我惊奇不已的是，信中还有这样一句话："写了一点感想，名为《演课本剧好》，一并寄去。"

我急忙翻找，信封里果真还有一篇用两张八开稿纸写的文章。啊！这不就是我渴望得到，而由于感到是得陇望蜀而不好意思提出的序言吗？我翻来覆去看这篇文章，两眼湿润了。围在周围的几个同事也都十分感动。

如此热忱、如此真诚、如此谦逊！这就是大师的风范啊！

《中学课本剧》一书1989年5月由中国戏剧出版社正式出版。

《中学课本剧》有了曹禺大师题写的书名，有了曹禺大师所写的序言，就必定大大地增彩。

我们为此欣喜万分！

……

"插曲"的后续：

2012年，天津市政府在位于意大利风情区（位于河北区）的曹禺的故居建立了"曹禺纪念馆"。这是天津市文化事业发展的大事。开馆之后，去参观的人络绎不绝。我也去过。曹禺纪念馆内，珍藏了大师一生的各种资料、照片、实物等，文字方面的都是真迹，十分宝贵。

参观回来后，我思绪万端。20世纪80年代我访曹老的事，已过去了近三十年。但当时的一切，我还历历在目，而且将永远刻在记忆之中。他为课本剧所题写的书名、序言及给我写的信的原件，我都十分珍贵地保存着，而且准备传世。可现在有了曹禺纪念馆，我是继续自己保存呢？还是捐赠给纪念馆？我想来想去，做不了决定。原因是如果捐赠，自己不舍；而如不捐赠，除

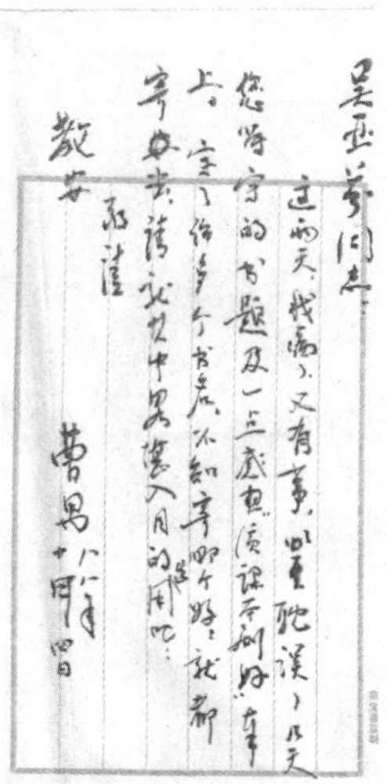
吴亚芬同志：
这两天，我病了，又有事，以致耽误了几天。
您要的书题及一点感想《读课本剧好》，奉上。写了很多个书名，不知寄哪个好，就都寄去，请就其中选择满意的用吧。
即请
敬安
曹禺
八八年十一月四日

曹禺大师亲笔信

《中学课本剧》

了自己、家人及亲友，别人都看不到。犹豫了一阵，我毅然做出了捐赠的决定。为的是许多人都可在纪念馆看到这些珍贵的真迹。这个价值比自己珍藏要大得多。

于是，我在 2013 年 7 月份，把自己珍藏的曹禺的真迹捐给了纪念馆。

我这个行动得到了纪念馆馆长王海冰和馆内的工作人员热烈的称赞和欢迎。

我做得对，心里也十分欣慰。

捐赠后不久，我特地又去了曹禺纪念馆。我在一进门的一个大玻璃柜内很醒目的一处，看到了我所赠送的曹禺大师的那几份真迹。为此我感到欣喜、激动，心里久久不能平静。

……

为了使课本剧活动进一步向全国扩展，1990年8月7日至10日，由中国戏剧协会、团中央学生部、天津市高教局、中国剧协天津分会、北京人民艺术学院、天津高等师范专科学校、福建省话剧院、天津市教育教学研究室主办的《全国课本剧研讨会》在北戴河举办。

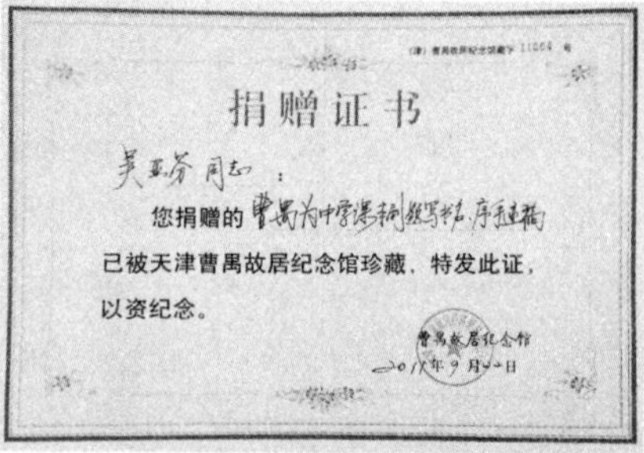

捐赠证书

您捐赠的

已被天津曹禺故居纪念馆珍藏，特发此证，以资纪念。

曹禺故居纪念馆

11004

曹禺纪念馆颁发的捐赠证书

研讨会对课本剧一致充分肯定，认为是近年来涌现出来的新事物，具有旺盛的生命力和开拓性的发展潜力。课本剧的实践充分证明，它是一种融课内、外于一体，寓教于乐、充满乐趣、富有启发、新鲜活泼的教育教学的辅助方式；它对形成教为主导、学为主体，多渠道、开放式的教学方法有促进作用；它从铅印的纸面上，站立起来，转变为立体式的舞台形象，去强化语文课的文学性，增强形象感染力，从而促使学生怀着浓厚的兴趣，体味课文的深刻含义。此外，它对学生加强德育教育、美育教育，陶冶情操，培养审美能力，培养创造想象、分析、表达等诸种能力及挖掘潜在智能，丰富课外活动、精神生活都能起到明显的作用，今后应当大力推广和发展。

此外，参加研讨会的专业戏剧团体代表，也一致认为课本剧给陷入困境的话剧事业也开拓了一条可靠的、广阔的、长远的发展道路，增强了演职员从事话剧专业的凝聚力，磨炼和提高了他们的艺术技巧，同时还争取和培养了新一代的话剧观众。专业戏剧团体演出课本剧必须不断提高艺术质量，用鲜明多样的艺术形式，展示话剧特有的魅力，去赢得广大青少年观众的喜爱。

从1986年开始，在天津、北京、福建、湖北、上海、浙江、安徽、江苏、江西等地先后在中、小学开展了课本剧活动。几年来发展迅速，已由星星之火，燃为燎原之势。据不完全统计，学校方面仅就天津一市，1987年至1990年就分别举行了全市课本剧专场演出和全市中、小学课本剧评奖会演。参加活动的中、小学有851所，学生有13万多人。剧团方面几年以来共有二十多个剧团经常演出课本剧。仅就福建、浙江、安徽三省，近年来就演出了725场，学生观众达72万人次。全国最高水平的北京人民艺术剧院于1988年和1989年两年之内，就录制、出版了初中和高中两套《良师益友》课本剧录像带，共八盘，约二十个小时。

从1986年开展课本剧活动至1990年，几年以来，全国各地有40多种报刊刊载了课本剧活动的情况。

1993年12月，我应邀到香港去参加了一个在香港中文大学举办的当代华文戏剧国际研讨会。会上，我以“课本剧的兴起和意义”为题在会上宣讲，并参与研讨，赢得了与会人员的肯定。

此外，为了更进一步增强课本剧的形象化，增强课堂教学效果，1988年，我们和天津新蕾出版社、天津人民广播电台合作，先后出版了《中学语文课本系列广播剧》一套九盒共含33篇初中课文，以及《中学语文景色风光教学录像带》两盘共含初中7篇说明文。1989年，应各地一些小学的迫切要求，又录制了《小学语文艺术形象系列教学录音带》一套六盘共含41篇课文。这些影像、录音教学辅助作品，中、小学使用量很大，有效地配合了课堂教学。

这项创新,在开拓过程中,也历尽艰难,付出不懈的努力。

《中学语文课本系列广播剧》和《小学语文艺术形象系列教学录音带》是把课文中无声的文字,通过声响制作,在听觉上产生艺术形象的感知,以增强课文的吸引力,提高学生的学习兴趣。

这两套录音带是由天津人民广播电台全力制作的。课文中的人物对话,都是聘请市内知名演员朗读,课文中的说明,是由电台著名的主播朗读。课文中的各种声响,诸如枪炮声、雷声、雨声、鸟鸣、机器的轰鸣声、众人的嘈杂声等,都由电台特制的声响设备配制。因此,录音带的水平和质量,都十分出色。实践证明,如果在课堂上适当运用这套录音带,可以收到特殊的教学效果。

例如南开小学特级教师靳家彦,利用《小学语文艺术形象系列教学录音带》中《董存瑞炸碉堡》一课做了一次全市规模的观摩课。在课堂上,通过录音带发出的强烈而密集的炮声、枪声、冲锋呐喊声……使学生顿时就感受到战场上的特有气氛。他们全神贯注、屏声静气地听着,完全进入了意境,从而取得了前所未有的教学效果。课后,一些听课的老师赞不绝口。

《中学语文景色风光教学录像带》是由我校电教部的周玉亭老师主持制作。

这套录像带共录制了初中语文课本中的《卢沟桥》《故宫》《英雄纪念碑》《人民大会堂》《北京立交桥》《中山陵》《苏州园林》七篇说明文。

录像带和录音带特点不同。

制作这套录像带的缘由是为了能使众多的学生群体，尤其是处于偏远地区或农村的学生，在没有条件能实地感受课本中的说明文所写的大型纪念性的宏伟建筑或场馆的情况下，通过观赏这套录像带，产生实感，从而真切、形象地体会课文的丰富内涵。

这套录像带的制作过程，同样十分艰难。

例如在准备录制《人民大会堂》一课时，首先要解决的是能被允许进入大会堂实地录制。

人民大会堂是供国家领导人商讨国事及召开国家级重要会议、接待世界各国首脑的重地，这是国人都了解的，我们要进去拍摄，谈何容易？

为了此事，我们反复商讨，并征求校领导的意见，以求支持。最后，想出了两个办法：一是给人民大会堂办公室写封信，提出申请；二是争取去一次能面谈。和校领导谈后，得到了大力支持。随即就由我起草信件，以学校名义发出。

信发出去后，我们就在急切地等待着。我心里反复在想：会不会回信呢？如果不同意怎么办？

可没想到，只等了四天就回信了，而且还约我们去北京面谈。太好了！

于是我和周玉亭第二天就去了，对面谈做足了思想准备。办公室主任接待了我们。

我带着有《人民大会堂》一课的语文课本，周玉亭带着录制计划，以十分诚挚、恳切的态度请求主任支持、帮助我们。

主任听了之后，十分热情地说："你们是在搞科研，而且是为众多的中学生服务，我们当然要大力支持。下面，咱们研究一下怎么安排。”

啊！同意我们进入人民大会堂了！

我们原来设想，这是一件很难办成的事，人民大会堂办公室主任竟如此爽快地答应了！我们为此惊喜而兴奋！

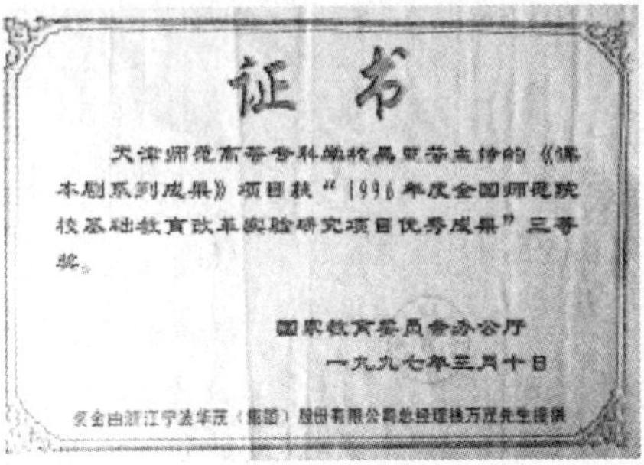

证书

天津师范高等专科学校[illegible]主持的《课本剧系列成果》项目获“1996年度全国师范院校基础教育改革实验研究项目优秀成果”三等奖。

国家教育委员会办公厅

一九九七年三月十日

奖金由浙江宁波华茂（集团）股份有限公司总经理徐万茂先生提供

1997年，课本剧系列作品获得国家教委所颁发的“1996年度全国师范院校基础教育改革实验研究项目优秀成果”三等奖。

颁奖大会留影，我在第三排左三

从1986年开始，我搞课本剧创作和实践，有七年之久，其中的酸甜苦辣，我都一一备尝。那时，我已年过半百，身体并不强健，而且长期一直承担着繁重的教学工作及一些党政工作。仅这些担子，担起来就很吃重了，可是，我却超负荷地坚持进行课本剧这项新事物的试验。几年来所付出的辛苦，所遇到的困难，是一般语言难以尽述的。

例如剧本创作，就是个大难题。为了写出高质量的稿子，我常常夙兴夜寐、笔耕不辍、反复修改、数易其稿，整整拼了二年，写出了26个剧本。此外，还要不断地到中学去搞实验、探讨、总结。有的中学远在郊县，往返需数十里、上百里，但是我还是坚持去。更使我感到艰难的，是筹集出书和教学磁带的资金。这项资金所需数目很大，我校所拨的科研经费不多，出版社也有一定困难，需要我去筹集。为此，我四处筹措、八方借款。实在一时筹措不到，我就从自家拿出一些钱投了进去。接着就是组织专场演出、请专家指导、联合协作单位……到处奔忙，疲惫不堪。有些人对我这样干，十分不解。曾经问过我这样辛苦又赔钱，到底为什么？

这个问题说来复杂，实则单纯。那些活泼可爱、充满生气的中学生们，几十年来，一直在我心中。为了他们，我甘愿吃尽苦头、我甘愿奉献一切，而且乐此不疲。

愿课本剧青春长驻！

第五章　让大爱植根凝聚于做人之中

爱他人和被他人爱之中，首先要爱他人。爱的最高境界是爱他人、爱世界。

如果我们心里不盛满着大爱——爱国家、爱社会、爱生活、爱事业、爱亲人、爱朋友，便没有人生的出发点和归宿。

爱是生命的源泉，是生命的寄托，是生命的阳光，是生命的灵魂，是生命的活力。

爱是一种动力。

任何人在处于逆境时，如果感受到了你的爱，就会产生一种力量，放下苦恼，放下自卑。就会坚强，就会奋进。

爱是一种美。有爱就会使生活多彩纷呈，就会与群体水乳交融。

大爱要植根凝聚于做人之中。

做人的目标就是要求自己，无论言语行动，为人处世，都要贯穿一个“好”字。一生都要做个好人。

献出大爱，做个好人是人生追求的最高境界。

一、母爱和师爱的交织与融会

在我二十六岁成家之后，负担一直很重。这是因为我的爱人是地质队的技术人员，长期在野外工作，一年只有二十多天的探亲假,为此,我们分居两地,长达二十年之久。两个孩子从先后降生起,都由我一人照料,而我工作又一直繁忙,所以,我常年都处于超负荷状态。

最困难的时期,是在儿子上幼儿园,女儿送托儿所的那几年。那时,我一早起来,就先把女儿托举送进托儿所(托儿所在校内,我住在学校后面的职工宿舍。要是出宿舍门,再进校门,需要沿胡同和街道绕一大圈。托儿所阿姨觉得我时间太紧张,就照顾我允许破例,让我从开向职工宿舍的一个窗户,把孩子托举进去)。接着,再送儿子去幼儿园,然后就急急忙忙赶到学校参加学生的军训。如果早上 8 点第一节是我上课,我就没时间吃早饭了。晚上,如想备些课,我只能用左胳膊把两岁多的女儿紧紧抱在怀里,用右手握笔书写。可是这样小的孩子,怎能安稳不动?她不是来回晃动,要下地玩耍,就是去抓纸或从我手里夺走钢笔。课实在是备不下去了,我只有设法哄她快点睡觉,然后挑灯夜战……但这完全是自觉的,因为我认为,无论怎样忙和怎样累,教学质量一定要有保证。

1973 年我的儿子八岁,女儿两岁多。此时,我带的一个班要去农村劳动(当时称学农)。按我当时的情况——只身带着两个年幼的孩子和学生一起去农村,困难是很大的,而且校领导也决定不让我去了。可是,我想来想去——把两个孩子和四十几个学生,放在“心理天平”上称了一称,重量倾向到了学生一边。因为,这是学生们第一次去农村劳动,他们年龄小,才十五六岁,面临的是大强度劳动,生活艰苦,为此,应该有一个熟悉他们的老师去管理和照料,而这就是我。于是我就决定要和学生一起去农村。可怎么妥善地把孩子安排好呢?

在思索了许久之后，我想出了两个办法：一是去找托儿所主任，商量把女儿全托在托儿所（全托就是全天24小时看护。我校托儿所平时不设全托，只是在特殊情况下才设立）。托儿所主任鉴于我的困难同意收下孩子。二是争取得到校方和同事的一些帮助，让儿子独立生活——在教工食堂吃饭，自己去上学，晚上让教研组长赖建明老师十四岁的二儿子沙青到我家和儿子同睡。这样，我就可以放心和学生同行了。

临走时，我对儿子提出三个要求：1. 好好上学；2. 按时吃饭睡觉；3. 不要去托儿所看妹妹。他一一答应了。

这样，我就踏踏实实地走了。

谁知刚刚去了半个月左右，学校办公室就给我来了一个电话说我家里有些问题，要我立即回来。我听后心里一惊，有什么问题？是不是孩子出了事？我忐忑不安地急忙回去了。

回到家里一看，儿子不在，估计还没有放学。我又赶紧到托儿所去，一进门，只见女儿正在和小朋友玩着呢。没有什么事呀？此时只见值班的丁姨过来了，她一见到我，连忙紧拉着我的手说："哎呀，吴老师，你可回来了！你的两个孩子真让人心疼啊！"她说着说着眼泪就流出来了。

我不解其意，就问她："孩子怎么啦？"

丁姨接着说："昨天下午5点多钟，你儿子到这儿来了，我问他有什么事，他说，想妹妹了，来看看。他一边说，一边就找他妹妹。当他看到妹妹正在里面一间屋里，就赶快跑进去抱着妹妹。妹妹一看到哥哥来了，也紧紧地拥到哥哥怀里。两个孩子抱在一起哭了起来，而且一起喊：'想妈妈！想妈妈！'……我和王姨在一边看着，也心疼地哭了起来……接着，我们就去找办公室主任，要他赶快打电话把你叫回来。”

我听了丁姨的话之后，心里也酸酸的，幼小的孩子离开了妈妈，怎能舍得呢？

从托儿所回家，儿子已放学了。他一进屋看到了我，非常高兴，一下子就扑了过来说：“妈妈回来了，太好了！”

我问他：“这些日子学习怎么样？”

他回答说：“很好呀，数学考试，我分数是全班第一，老师还表扬了我呢。”

我又问：“能按时去食堂吃饭吗？”

他说：“当然按时去吃饭，不然肚子多饿呀。对了，我还跟您说一件事：每天中午放学时，我就很饿，跑到食堂，就拿出饭票先去买馒头，我每次买三个，再买一个菜，就狼吞虎咽地吃完了。有一天食堂的王师傅走到我的跟前，拍拍我的肩膀说：‘傻小子，你总是一次买三个馒头，吃得倒痛快，你没想想，你妈临走的时候，留下多少饭票？还没到时候，就被你快吃完了。你知道吗？按粮食定量，你每天得按二—四—四吃，而三个馒头是六两呀。以后多吃些菜吧，我照顾你，盛菜时多给你半勺。’我当时就谢谢他了。”

我点点头，接着问：“妈妈临走的时候，嘱咐你不要去托儿所看妹妹，你怎么去了呢？”

一说到这儿，儿子就立时眼圈红了，沉默了一会儿，含着泪说：“妈妈，您走之后，我们学校的老师，院里的叔叔阿姨对我都很好，沙青哥哥每天晚上来陪我睡觉，也很好，他常给我讲惊险的战斗故事。可是……可是我还是每天想妈妈和妹妹。妈妈去了农村，我找不到，但妹妹就在学校的托儿所，离得很近……虽然我没有忘记妈妈临走时的嘱咐，可我太想去看妹妹了……所以……所以我就跑去了。”

亲情是扯不断的血肉纽带，是切肤的心灵感应啊！

听到孩子说这些贴心的话，我的眼泪也要流出来了，但我忍住了。

我接着说：“你说的话很实际，这件事你没有错。可你还要想想妈妈所带的四十几个学生，他们都是比你大不了多少的十几岁的孩子。他们也有家，也会时时牵挂着自己的爸爸妈妈，可却去了艰苦的农村，爸妈不能随着去，如果再没有熟悉他们的老师照料，他们怎么办？所以，妈妈要顾你和妹妹，也要顾那四十几个学生。你明白吗？”

儿子想了又想说：“我明白了！妈妈爱我和妹妹，也要爱学生。”

我高兴地抢着说：“对呀！对呀！妈妈有母爱，也还要有师爱呀！”

我紧紧地搂着儿子，夸他说：“好孩子，好孩子！你真懂事！我明天还要走，时间不长，半个月就回来。你一定要听话，你一定能听话！妈妈相信你！”

第二天我就走了。

半个月回来时，两个孩子一切正常。

……

1974年，有一天中午，我上完第四节课，再处理一些班里的事，回家已经一点多了。我走进门去，见到桌上放着一张纸条，近前一看，是儿子写的：“妈妈：我上学去了，我没吃饭。”我仔细端详着这几个字，想着孩子是饿着肚子去上学的，怪心疼的。就赶忙去食堂买了两个馒头，送到学校给他。

这个事以后怎么办呢？我想来想去，终究想出一个两边兼顾的办法。

晚上，在儿子写完作业之后，我对他说："孩子，妈妈今天没来得及给你做午饭，让你空着肚子去上学，实在对不起你。"

儿子说："那您就早些回来呀。"

我说："当然，我应该一下班就回来。可是，常常在下课之后，一些学生有些急需解决的事找我，我不能不顾。"

儿子低头不语。

我说："你看这样好不好？"

儿子抬头看着我，等着听下文。

我说："你能不能学着做饭？"

儿子惊奇地回答："我？……我学做饭？我才九岁啊！"

我说："九岁已经不小了。妈妈不是给你讲过孔融让梨的故事吗？他四岁就懂得谦让，要把大梨让给哥哥吃，自己最小，就挑最小的梨吃。老师常夸你聪明，聪明除了用在学习上，也还要用在锻炼、提高生活能力上。自己学会了做饭，就不会饿着肚子去上学了。再说妈妈要教两个班的课，还要做班主任，每天要面对九十多个学生，十分繁忙。为了对学生负责，所以不能保证中午必能按时回家。你学会做饭，也是对妈妈工作上的一种帮助和支持。不是吗？"

儿子专注地听着，并且连连点头。

孩子很听话，我为此很高兴，遂接着说："学习做饭，咱们从最简单的开始。如先学做米饭，炒一盘白菜，然后，再学复杂些的。妈妈等着吃你做的美味佳肴呢！会的，一定会！对吗？"

儿子站起来紧紧地拉着我的手，大声地说："会的，一定会！"

从此，儿子就开始学做饭了。

我由如何淘米、如何洗菜、如何焖米饭、如何切菜、如何往炒菜锅里倒油、如何炒菜等等，都仔细并一步一步地教他。

不久，儿子就学会了做最简单的饭菜——米饭和炒白菜，而且做好之后，除了他自己盛了一碗以外，还给我盛了一碗放在桌上。

我一进门，看见他在吃自己做的饭，还看见了他给我盛的一碗饭，不知是高兴还是感动，我禁不住流下了泪，走上前去，紧紧地抱住了儿子，连连说："好！好！儿子真好！"

我坐下来端起碗就吃，头一口就尝出来饭是夹生的，菜很淡，盐不够。

儿子问我："妈妈，我做得好吃吗？"

我说："好吃，好吃！"

……

过了好几个月，一天傍晚，我忙完学校的事回来时，一看厨房里分外热闹，好几个男孩子出出进进，我进去一看，啊！原来是儿子找来了小伙伴在一起包饺子。

儿子学做饭进步太大了！

现在，儿子已经四十八岁了，他的厨艺比不精于烹调的我强多了，这都源于童年时的磨炼。

亲情在血液之中，与生俱来，相伴相终。而师爱却要由培养到产生，到逐步加深、浓烈。

二、挚爱构建了友谊之路

人人都应当有朋友。

友谊对于每一个人来说，是一个支柱、一份温暖、一种力量、一片绿荫、一道阳光。

友爱是一种心灵相互的感应和互惠，而相互的心灵感应和互惠来之于挚爱。

挚爱是友谊之本。

我结交了五十七年的挚友周雅凤不幸因病于2013年去世，这是我心中永远的痛。和她的真挚友情，我用一篇悼词来表述：

雅凤一路走好

由于数年罹受重症的折磨，雅凤不幸于2013年1月5日晚8点40分辞世，永远地离开了我们。众亲友为此十分悲痛，纷纷致哀、悼念。

雅凤和我于1956年同时进大学，同一个系，同一个班，同窗4载。1960年同时毕业之后，又一起分配到同一所学校任教。我们住在一个宿舍，同在一个教研室，同在一个办公室。相濡以沫地共处了五十七年。长长的五十七年——人生的大半辈子啊！我们相知相依、亲密无间、情同姐妹。她的离去，对我来说是个难以承受的沉重打击！我痛彻心扉、悲伤难忍。数月以来，只要想起她、提起她，只要脑子里出现了她的形象，我就立时泪如泉涌，难以自抑。

雅凤，我的挚友，我的姐妹，我想你啊！你的身影深深地刻在我内心的最深处，永远留存。

雅凤是一个平实、质朴、至诚的人。她从不张扬，从不显耀。在学生时代如此，在从教时也如此。

20世纪50年代的大学生活，由于历史时代的迅速变异，动荡不稳。能在教室里安定地读些书时，雅凤就认真学习，刻苦钻研。大搞各种运动时，她静静地观察、分析，从不盲从、乱动。

从教三十多年以来，她教书育人，一贯忠于职守，兢兢业业、勤勤恳恳。她所教的是难度很大的古代汉语课。为了尽职尽责，她积极钻研业务、精心备课，从不懈怠，为此，她的课深得学生们的欢迎和肯定。此外，她在完成繁重的教学任务的同时，还见缝插针地参与科研。除了发表了一些论文之外，还和几位同事，编写、出版了一套六本之多的古汉语专著。

对待学生，她深爱关怀、循循善诱、耐心教育。师生关系和谐亲密。

雅凤虽然一贯忠于职守、辛勤工作，但却未曾获得过很高的荣誉称号。可是，对此她毫不介意，工作也从来不曾因此而有过任何懈怠，这正是她的可贵之处。因为，她深知教师把课教好，把学生教育好，是本分，是责任。只要全力做好，自己的心里就安然，就踏实。

在大学里任教，职称对教师而言，是十分看重的，因为，它关系到身份、学术水平、教学能力，乃至经济收入等诸多因素。而雅凤在这个十分重要的事情上，却表现出了令人惊叹、敬佩的高风亮节。在1990年职称评定期间，由于副教授的名额很少，而中文系的教师申请者又很多，因而职称评定工作出现了很大的难度。面对这种状况，虽然当时她的教学质量和学术水平、科研成果都已经达到了评副教授的要求，可是，在她即将退休的最后一次参评之际，为了能使参评的同事机会更多，她毅然提出要退出评选。由此，她最终是以讲师的身份退休的。

雅凤的讲师身份不同凡响，闪耀着光辉灿烂的色彩，可敬可佩！

雅凤在待人接物方面，一生贯穿着一个“诚”字。自己有了成绩，绝不居功自傲；别人有了过错，她绝不轻视怠慢，而是热情相帮。朋友生活上有了困难，她主动雪中送炭（即使自己也有难处）。

雅凤性格内向，少言寡语，但心中却始终燃烧着一团炽烈的火。

雅凤是个平凡的人，但却是一个大大的好人啊！

雅凤虽然走了，但却给我们留下了闪闪发光，不可磨灭的光辉印记！

雅凤一路走好！

亚芬

2013年3月11日

（注：此文已载入她的女儿陈岩所编写的《妈妈，请听……》一书中。）

雅凤的逝去，和我同样悲痛的，还有我们的师姐王雨玉。我和雅凤初上大学一年级的时候，王雨玉还有一年就要毕业了。

我们在校没有机会结识,而毕业后分到师范学校时,王雨玉已经是教研组长了。她直接负责带我们这两个徒弟。她为人特别热忱,乐于助人,从此,我们亲密无间,无话不谈。她不仅在教学上指导我们,而且,对我们各方面都很关心,尤其是在我们碰到思想上有难解的问题时,她都推心置腹地了解、规劝。久而久之,我们三人之间就很自然地结成了至交。

雅凤的离去,我们二人很长时间都摆脱不了悲痛,我的离津远行,她也恋恋不舍。深厚的友情铭刻在我们的内心之中。

我和周雅凤、王雨玉合影,左侧是周雅凤,中间是王雨玉

同窗四载的老同学,现在都已经将近八旬了,有几位已经八旬开外了。可是,我们常常都有聚会,我是三名组织聚会者中的一名。因为同学们分散在各地,组织聚会是一项很艰巨的任务,可我们三人从来都把此事视为最重要、最高兴的事。

2006年和2010年,为了纪念入学五十周年和毕业五十周年,我们组织了两个大型的聚会。同学们中,除了卧病不起或行动不便的少数同学实在来不了之外,分散在各地的都来了,共有七十余人(我们是个大班,入学时,有一百余人)。大家欢聚一堂,热闹非常。我们或畅谈学生时期的酸甜苦辣,或交流几十年的从教体会,或介绍家庭生活和子孙的成长情况……说不完的话，道不尽的情。

在纪念大会上，大家自由发言。上台讲话的同学，有的慷慨激昂、有的热情满怀、有的深沉炽热、有的妙语连珠、有的热泪盈眶……间或，上学时被公认的“歌唱家”自己走上台去，引吭高歌，唱起当年人人会唱的流行传统歌曲，大家一起拍掌合唱。曾是舞蹈队员的同学们，也跟着翩翩起舞起来。会场高潮迭起，气氛热烈。

此后，直到现在，同学们只要提到这两次大聚会，仍然激动不已。

聚会合影，我在第四排右一

除了聚会之外，我们之间写信、通电话从不间断。所以，我们的情谊深厚、关系亲密、互相关怀。大家都为此感到十分难得，十分幸福。

在大学一年级的后半年，宿舍调整时，我和七位同学一同分到劳动楼23室住下。从此，劳动楼23室就成了我们之间将近六十年结下的深厚友谊的印记，铭刻在内心深处。

其中，来自印度尼西亚的华侨同学张才金毕业之后，长期居住在香港。她每隔一两年就回天津一次，所以，我们常常会面，相聚甚欢。可是，四年之前，她不幸罹患了肺癌。由于条件所限，我们不能前去探望，就常常和她通电话。2011年9月17日的傍晚，我又给她打电话，只听她以很虚弱的声音低低地说："亚芬，……我……我可能不行了。"我一听，立时心里万般痛楚，满眼含泪，但却极力地控制着说："才金，你要挺住，挺住，一定要挺住！……"我握紧话筒，贴在耳边，急等着才金再说下去……但是等了好几分钟，却毫无声响……

又过了一会儿，她的老伴老郭在电话里对我说："才金走了！……"

从此，劳动楼23室就少了一个挚友。

另一个室友也是从印度尼西亚来的华侨，叫陈楚玲。毕业后，她常住上海，每当同学聚会时，她都来参加。而后来移居澳门，身体开始变差，患有多种疾病，尤其是腿，很难下地走路。从此，我们就只有常通电话了。再后来，她身体更差，只能靠坐轮椅才能行动，为此，女儿把她接到珠海照顾。不久，她的听力又大大损伤，一般声音听不到了。但我仍常打去电话，虽然我尽了全力，大声喊话，她还是听不清楚，只能听到一两句，知道是我打的电话。尽管如此，我还是未停止与她在电话里喊话。我想只要她能感知到是我在打电话，于她、于我，都是个慰藉，这就好。

同寝室里还有个在郑州的同学叫杨韶杰，她在全寝室年龄最小，身体也好，性格又开朗，所以在我们中间显得十分活跃。从毕业离开天津之后，每次聚会她都必到，此外，还隔三岔五地来天津小聚，不来天津时我和她也常通电话。所以，她虽身居外地，我们从不感到生疏。许多年来，她爱好作画，并出版了一本画集。她送给我的画集，我作为珍品保存着。

寝室内其余五人（包括我）都在天津，我们的联系就更多些。其中王柯和赵素娟现都已八十二岁。

王柯是我们班里为数很少的，在解放前就参加革命的干部。毕业后她没有从教，而是到了机关当干部。到了退休年龄时，我们都是退休，她却是离休，为此，我们就称她是"老干部"。她虽然很瘦（体重只有八十多斤），但身体尚好，没有大病。她住得离我们较远。有一次，我去看望她，她曾经对我说："亚芬，咱们岁数越来越大了，住的又隔得远，无法常见面，平常咱们常通电话，尤其是你，一来电话，我就高兴。"我一听，就连连点头说："一定，一定，我一定常给你打电话。"为此，我和她从未中断过电话联系，即使我在外地，也不忘给她打电话。她一听到是我打来的电话，就很高兴。

赵素娟的情况就大大不同了。她自少年时代就患病，上学晚，又在中学时休学两年。考上大学时，她已二十四岁了。可到了大三，她又休学了，比我们晚毕业两年。所以她和我们在劳动楼23室的相处，只有短短的一年多。此后直到现在，她身体虚弱，一直处在患病之中。尽管如此，将近六十年来，我和她一直未中断过联系。我除了去看望她之外，还坚持定期给她打电话。

在我们中年时期，她身体还不太差时，有一天，我去看她，当时，她已经有了孩子，还可以说些逗乐的话。我一进屋，就看见床单上有一片一片的尿迹，我问她："你还天天洗床单吗？"她回答说："天天洗床单？我洗得过来吗？"随之，我们就哈哈大笑起来。（原来上学时，她特别爱干净，有洁癖。在宿舍时，总是不闲着，不时地端着盆出出进进去洗衣服和床单等。为此，她有许多"清规戒律"。如：她不让别人坐在她的床铺上，尤其是男生。只要男生进宿舍有事，偶然坐了她的床铺，男生一走，她立刻就把床单撤下拿去洗。当时我们俩睡上下铺，我在上铺，她在下铺。她不许我扫床，我只有听她的，隔几天就把床单卷起来到外面去抖。）

到了老年时期，赵素娟的情况就很不好了，一身的病。几年之前，她的背已经直不起来了，腰弯到近90度，不能直视站在她面前的人，而且，腿也走不了几步，出不了门，下不了楼，只能在屋里小范围地挪动。我去看她，或者通电话，总是不断地鼓励她积极和疾病相抗争。在我患心脏病之后，尽管她说话已底气不足，但也谆谆告诫我，要坚持治疗。

钱孝兰和我住在同一个社区，我们经常见面，无话不谈。她善于烹调，常常把自己做的美味佳肴送给我品尝。而且，她很注重对中医之道的钻研，常常给我讲中医治病的疗效，并常向我介绍名中医高超的医道，使我受益匪浅。我则经常在她身体和精神欠佳时，去看望她、安慰她，和她倾心交谈。我们俩相处十分融洽。

朱兆男在我们五人中，是过得最艰难的一个。她上学时学习很好，常常写诗赋词，颇有些书卷气，可以称为才女了。工作几十年也尽心尽力。可到了退休时，她家中发生了重大变故——她的老伴老李病故,他们几十年来,感情十分深厚。她承受不住这个沉重的打击,就患了严重的精神忧郁症,而且久治不愈。

几年以来,我和她的交流(包括见面和打电话)一直处在这样的状态:

她对我说:“我不想活了! 我想死! ……”

我劝她:“你不能这样想! 你要好好活着。老李固然离你而去了,可你还有儿、有女,家里的经济条件也不错,还请有保姆照顾。你好好治病,吃好、睡好。你有很多爱好,你还要常写诗赋词,要从中多找乐趣。”

1958 年劳动楼 23 室全体室友合影,我在后排左二

她不听,仍然重复说:“我不想活了! 我想死! ……”

这样的对话,不知道重复了多少次。几十次? …… 上百次? 但都无效。

而我今后还一定继续劝她,我一定不停止地劝她……

由于校址搬迁,大三时,我们也随着搬出劳动楼 23 室,同室的七个人分散住到其他宿舍。可是,劳动楼 23 室留下的各种印记,我永久难忘。

除了劳动楼 23 室的室友外,几十年来,在天津久居的老同学诸如赵崇洁、高其珍、张娟云、蔡德荣、吕清章、章勤安、范乃莲、刘宗华、褚树志、陆惠昌、王锡三等，都联系不断。

1960年毕业之后，我就在现在的学校任教，虽然学校数易其名，但我却一直未曾变动，为此，我和许多同事，也有五十多年的深厚情谊。

赵兰新就是其中的一个，她和我同一个教研室，我们经常在一起备课、切磋业务。我们的思路和认识，出发点和目标相同点很多，所以在研究和商讨中，常常不谋而合。为此，情感上也必然十分融洽。

再者，我们住在一个社区，也必然来往很多，常常很自然地相互帮助。我因为儿女长期不在身边，老伴视力很差，生活上有时会遇到一些困难。有一次清晨，我突然天旋地转，晕倒在地，一过性脑供血不足的老毛病又犯了。她闻讯急忙赶来，而且还把家庭医生请来，经过紧急治疗，病情才得以缓解。其后，两三天，她天天来看望我。我犯这个病之后，一般需一周才能基本恢复。可这次在第四天，因为有点急事，必须要去南京的妹妹家，正巧她那天没来我家，我怕她不放心我走，就没敢告诉她，一早就强忍着身体的虚弱，乏力地走了。之后，到了南京的第四天我才给她打个电话。只听她在电话中焦急地问道："你到哪去了？你犯病的第四天下午，我去看你，怎么敲门也没人开。问邻居，人家也不知道你去了哪儿，真把我急死了！后来又去了几趟，还是没有你的消息！"

短短的几句话，却道出了可贵而感人的真情实感，我好感动啊！

我连连向她道歉，并致谢。

我现在已年迈体弱，身边又无家人，就已经把赵兰新当成依靠了。一想到她就在我的近旁,心里就很踏实。

在同窗四载时,我和老同学赵惠敏结下了深厚的友情。毕业时,她被分配到唐山一中任教,我们一直保持着密切的联系。1962年她的妹妹赵惠新考上了天津中医学院来津就读,也常和我联系。毕业后,赵惠新被分配到外地工作,我们还有书信来往。1976年7月28日唐山大地震时,赵惠敏及其幼子不幸遇难,幸运的是她的女儿张若男在地震的前一天赴秦皇岛去探望祖母,得以避过灾难。其后,若男来天津读书,毕业后就留下工作。不久赵惠新也调到天津中医学院第一附属医院。我和她们联系密切,我就像多了一个妹妹和外甥女一般,和她们感情深厚,四十多年以来,相互关照,直到现在。

张荫琪和我既是校友,又是同事。他比我早毕业两年,从1960年我们就开始共事了,至今已五十四年。他的身体自年轻时直到退休,一向很好,而且很爱运动。可是五年前,他患了脑卒中,全身瘫痪而且头脑不清,经各种治疗,也不见好转。

自他患病以后,直到现在,我一直定时去看他。每次见到他,我心里就很难过,可更使我心痛的是,他虽然已头脑不清,可一见到我,虽然说不出话来,却不断流眼泪。见我走的时候,也流泪不止……他心里明白啊!他忘不了几十年结下的深厚友情啊!我继续关心他,即使见不到面,我也用电话问候。

我和物理系的王丽,因为在不同的系,工作上联系不多。可是,四十多年以来,由于我们都酷爱京剧,“戏”像一条断不了的线一样,把我们紧紧地系在一起,友情迅速加深。后来,在不断参加京剧活动中,我们又结识了两位中学老师,一是赵家鹏,一是王继新。两人都质朴而诚挚,加上赵家鹏又是我的校友,我们很快成了好朋友。由此，我又结识了他的老伴韩姐，也成了好朋友。退休之后，我们每周五的上午10点就一齐到王丽家中吹拉弹唱，自娱自乐。此外，我们还不时地在一起畅谈和交流，甚为融洽。这样亲密的交往，三十多年以来，一直未曾中断。

2013年10月，由于我和老伴年迈多病，身边没有家人，被儿女接走，离开了天津。这样，我就不能去王丽家了。为此，我常常思念他们，尤其到了星期五的上午，想到以前我们在一起的快乐情景，我就更加思念这些好朋友。不久前的一个星期五上午，我算好时间，给王丽家打了电话，正好他们就要开唱了，我告诉王丽，叫她不要挂断电话，我要在电话里听他们拉和唱。一曲《黛玉葬花》开唱了，听着这段熟悉而动听的唱腔，我的眼泪忍不住地流了下来……

这熟悉而动听的唱腔，触动了我的心怀，给我送来了友情的温暖……我怎能不动情啊！

郭方是我的大师兄，也是同事，是数学系的任课教师。他在评定职称中十分不顺，先后两次被否决。在即将退休前最后一次的职称评定时，由于申请副教授的人过多，而名额有限，竞争十分激烈。他虽然业绩和学术水平都不显逊色，但又一次未能如愿。这是他的一大心病，所以，他终日精神不振，郁郁寡欢。一次，我们在校园里相遇，他把我拉到一个石凳前坐下，表示要和我长谈。他要谈的还是多次谈过的职称问题，他越说越激动，以至于声泪俱下，泣不成声……他的心情我完全理解，但又爱莫能助。

这次谈话，我留下了深刻的印象。

2012年9月的一天，我在《今晚报》上看到了市老年科学协会的一个通告,内容是为了给退休前因各种原因,未能解决职称问题的知识分子免除缺憾,经上级批准,可补办审批晋级(但不能和薪金挂钩)。此时,我立时就想到了郭方师兄,连忙给他打电话,表示如果他同意,我可以帮助他办理(他此时正处于病中)。他一听就十分兴奋并表示同意。

我先后用了两个多月的时间,给他办好了晋升副教授的各类事项。当我把职称资格证明给他时,他急忙接了过来,紧紧地捧着这个盼望许久的本子,声泪俱下……而此时的泪则全是充满着喜悦啊!

市老年科协,办了一件抚平大师兄心灵深处痛楚的大好事。

在今年二月,我离开天津之后,惊闻郭方师兄病逝。我不禁十分酸楚。

在怀念他时,我不由得想到,郭方师兄有了那个职称资格证明,在临终时,他会无憾地离去……

20 世纪 70 年代,我住在职工宿舍时,隔壁住着负责烧锅炉的佟大爷和他的老伴。因为他排行老二,我们都称他二大爷,称他的老伴二大娘。俗话说“远亲不如近邻”,的确,我和他们俩老人相处真和一家人一样。

有一件很小的事,四十多年以来,我一直记在心里。那时,我们做饭用的都是烧蜂窝煤的小炉子。蜂窝煤炉子的开关就是一个小铁片,用炉子之前必须早些打开炉门,否则,炉子里的火就不会旺,饭菜也就做不成。我因为工作忙,常常回来较晚,打开炉门也晚,为此,常常因为饭吃得晚,耽误孩子下午上学和我上班。二大娘看在眼里,想在心里。于是,她就悄悄地早些给我打开炉门,我一回来,炉火正旺,马上就可动手做饭。

打开炉门只需几秒钟，可却解决了我生活上不小的困难。只是短短的几秒钟，却含着亲人般的关怀，多么深厚、动人的情谊啊！

二大娘已经过世，二大爷现已九十多岁了，他脑子已不太清楚了。可是，几十年以来，我一直常去问候。原来可以说说话，现在不行了，我就紧紧拉着他的手摇个不停，要让他能感知到我在他身旁。

李学智也是我结交近四十年的朋友，但我们的友情有一些独特性。说是忘年交也可以，因为我们的年龄相差二十岁，但和许多的忘年交又有些不同。在 1971 年，他进入我校读了两年师范班，虽然我没有教过他，但论起来，也是师生关系。可他毕业后，又留校和我一起教中学，这时又是同事关系了。

是不是忘年交不重要，重要的是，我和学智几十年的交往，彼此相知相通，已经逐渐地产生了十分深厚的友情了。

学智的特点十分突出。他十几岁时，正处于“文革”时期，那时，“停课闹革命”正搞得沸沸扬扬，致使大多数青少年都无心学习，可他却踏实好学，心无旁骛地读书。这是很难能可贵的。到了有机会进入了师范班学习时，他更是刻苦钻研专业知识，成绩优秀。之后，无论是做了教师，或者考入大学，接着攻读硕士、博士学位，长期以来，他认真做学问，从不间断。所以，可以说，他是一个很成熟的学者。现在，他是天津师范大学历史文化学院的教授、博导。我们同属一校。此外，学智为人笃实质朴。

我所以能和学智长期交往，是因为常在一起畅谈。谈历史、谈文学、谈教学、谈人生、谈社会上存在的各种思潮、现象等，而且契合点很多，谈兴很浓，毫不疲倦。

我们就上述的各种话题，在推心置腹的交谈之中，就感到犹如一起读到一本内容丰富、见解精辟、富有哲理性的书一样。大有裨益。在这个基础上逐渐增进的友情，是十分坚实的。

由于老朋友彼此很熟，所以，我和一些老友的子女也很熟，并常交往，因此，又有了许多忘年交。如我的挚友周雅凤的女儿陈岩，是我从小看着她长大的，犹如女儿一般。

我离开天津时，她送给我一个精致的笔记本，扉页上写了一段话。每当我打开笔记本看到这段话，就禁不住泪流满面。这孩子对我的激励太强烈了！太感人了！

我没有她说得这样完美，但我一定要继续努力，继续走好自己的路。

这段话是这样的：

吴姨：

离别在即，心情越发酸楚与落寞。

您是看着我长大的。我的每一个成长阶段都蕴含着您的期望与关注。

在这个世界上，您是仅有的几个母亲般的阿姨，至亲至爱，无可替代。

您在我的心目中，是极有分量的；做事，您勤奋、执着，恪尽职守；做人，您诚信、谦恭，仁义兼备；对朋友，您关心呵护，无微不至；对社会，你投入大于索取，贡献颇丰。总之，您是一个优秀而朴实的人。这是我沉思良久而得出的结论式的评语。

您要远走他乡了，还能见到您吗？话虽苍凉，却是事实，无可奈何！

千言万语，道不尽我的不舍之情！请您多多保重，健康快乐！

敬重您的岩岩

2013 年 8 月 13 日

（附：岩岩对我过誉了。不过，她对我的深厚感情，我铭记在心。）

又如我校医务室的董大夫之女王西凌。我和她家同住在教职工宿舍，是近邻，也是看着她长大的。西凌从小读书就用功。可在小学四年级时，她被选送到天津歌舞剧院专攻舞蹈表演。数年之后，由于条件所限，她退出了歌舞剧院，参加了工作。由此，基础文化知识的学习受到很大影响，而她却下决心要考大学。于是，她就开始刻苦自学高中各门功课。在此期间，我辅导她学习语文课。由此，我们长期密切接触，感情日益深厚。由于她目标明确、信心十足、刻苦攻读，1979 年，终于如愿考上了天津师范大学中文系。毕业之后，她就在中专学校任教，后来转入天津外国语大学任教。她从十几岁开始，到现在将要退休，四十多年以来，一直和我保持密切联系，亲如家人。她结婚之后，我和她的爱人张国连也成了忘年的好朋友。2010 年，我要办一件十分难办的事，需要他们俩帮忙，他们一口答应并办了。事后，我向他们表示感谢时，张国连只说了一句话："这是我最高兴做的事。"简短的一句话，蕴含着多么率真、深厚的情感啊！我为之十分感动。

我在安徽的二妹妹和她的同事郑怀洲老师,同在安徽五河县一中任教。郑老师的女儿郑小宁,于 1993 年被天津商业学院录取。天津对郑老师一家,完全是个遥远而陌生的地方,所以,对年幼的女儿独自出远门,郑老师十分不放心。于是,为了给女儿找一个可以照应的人,郑老师就找了我妹妹帮忙,我妹妹立即打了长途电话告知我这件事。就这样,郑小宁和她的父亲一到天津,下了火车,就来到了我家。

像这种拐着弯的关系,一般情况下,是很远的。可是,由于二十多年来的密切交往,现在我和郑小宁及她的家人的关系早已经水乳交融了。

在我妹妹打了电话告知此事后,我设身处地想了想,就很自然地决定了:待郑小宁来了之后,我一定对她加倍关照,直到毕业。因为,我是个教师,又是个母亲,我深知对于远道而来的大学新生,在她刚刚入学时,及时地关照和引导,对她的成长是多么重要。

为了使郑小宁和她的父亲头一次见我就能感到温暖和放心,在他们就要进家门时,我就做好了充足的精神准备。门铃一响,我马上开门,十分热情地表示欢迎。待落座之后,我就向他们介绍了天津高校的情况。商学院较远,我不太熟悉,好在我曾因应约去该校办了一个讲座,去过一次,也略为介绍了一些。然后,我十分明确地表示,小宁读书期间,我一定好好关照。

郑老师听我讲完后,十分激动地向我表示感谢。

我说:“不要感谢,放心就行。”

我又对郑小宁说:“以后就把这儿当成家了,双休日就来,有什么困难就跟我说。不要叫我吴老师,就叫吴姨。”

就这样,郑小宁四年学习期间,经常来我家,我们越来越亲密。我们的情谊也就越来越深了。

郑小宁学习很努力,生活能力也较强,四年的大学生活很稳定。

毕业时,郑小宁想留在天津,我很支持她。不久她很顺利地在一个军工厂找到了一份技术工作。

再后来,她在工作期间结识一个同校毕业的男生叫赵飞华,是湖南人。这个年轻人笃实而干练,不久两人就相恋了。当她向我说明此事以后,我和赵飞华接触了一段时间,感到这个小伙子很诚挚、朴实,就表示赞成。

举办婚礼时,双方家长都因路途遥远,未来参加,因此我就是主婚人了。婚后,他们相亲相爱,生活甜蜜而和谐。

可是,到了第一个孩子出生时,发生了一个重大事故。

这是个男孩。产前,郑小宁按照医生的要求,按时去天津妇产科医院做检查,每次都正常。但生产时,因为产房突然停电,导致孩子脑神经受损,得了脑瘫,成了个残疾孩子。

这个事先万万想不到的事,对他们的打击实在太大了,他们无法承受。我虽然也感到吃惊、难过,但此时最重要的事,是要劝慰他们、开导他们。于是,我去医院、去家里看望、激励、劝导他们。

过了一段时间,他们慢慢地冷静了下来,正面接受了这个现实。

有一天,我又去了他们家,两人都在。

小宁说:“吴姨,我想好了,这孩子是我们的亲骨肉,我们一定会好好关照他。”

飞华说：“吴姨，我们一定要长期好好给他治病。无论付出什么代价，都要坚持。”

我听他们这样说，就紧紧地拉着他们的手，激动地说：“好，好！就这样，就这样！”

这个孩子现在已经十五岁了。他已经能自己吃饭、坐着玩一些玩具了，甚至还可以表达一些情感了。有一次我去看望他们，临走时，他紧紧地拽着我的手，有些不舍之意，在送我上公交车时，更紧紧地拉着我的手，不要我上车。

按照独生子女政策规定，如果第一个孩子是残疾，就允许再生一个，为此我劝说他们再生一个。他们也考虑了此事，我们意见相同。于是，2006 年，他们又有了第二个孩子，是个女孩。这孩子聪明伶俐，性格活泼，十分可爱，现在已经读小学二年级了。一家四口，其乐无穷。

我和他们的家，相距甚远，但是，这阻挡不了我们之间的密切交往。他们经常到我这儿来，就像回自己家一样，一待就是大半天。尤其是过春节，只要他们不回老家，就一定和我们一起欢度除夕——吃年夜饭、放爆竹，我给孩子压岁钱……

我们的情谊之中，早已蕴含着亲情因素了。

再如老同学钱孝兰的儿子马云生，有一次他听妈妈说，我犯了心脏病，他立即开车到我家，一定要送我去滨海新区的一家治疗心脏病最好的大医院看病，虽然我当时已约定了一位主任医师去应诊，没去滨海新区，但他的热忱和关怀深深地感动了我。

我的老同事（也是不同系的老同学）王立芳已病故十多年了，可她的女儿李宏至今还和我有密切的交往。她常常来家里看望我，或者常给我发电子邮件。如果我有什么事需要帮助，她只要知道，就必定会前来。

我的忘年交还包含孙子辈。我的表兄许正华的孙子许璐，就是我孙子辈的忘年交中的一个。

我和许璐是亲戚，但已出了五服，不是近亲。他家数代都长期生活在安徽固镇县任桥镇。在两家相隔千里的情况下，我们是不易见到的，更不可能密切交往。而因为许璐2005年报考大学，被我校录取，于是他就来到了天津，从此，我们就开始有了密切联系。

许璐的家境比较困难，只靠其母在乡村小学工作，每月一千多元工资维持全家的生活。他入学之后，首先要解决的就是生活费的问题。考虑到他长期在农村里读书，各方面的条件都很差，考取大学十分不易，所以，我应当义不容辞地帮助他。于是，他报到之后，我就把他带回家，谈起这件事。

我说："许璐，祝贺你考上了大学！你要在天津读书四年，姑奶奶家就是你的家。好在学校离家不远，你来往很方便，以后就常来家看看。我知道，你家里生活很困难，为此，从现在起，直到毕业，我就给你设立了奖学金（实则就是生活补贴，我所以称为奖学金，是为了把补贴和学习联系起来，从而起一些辅助作用），每月都有。"

许璐坐在椅子上，略显拘束，低着头低声说："谢谢姑奶奶。"

我说："以后就叫奶奶吧。"

这件事就这样定了下来。

除了给予他生活补贴之外，我对他学习方面也十分关注，并对他严格要求。

许璐在一年级上学期时，由于刚到大城市，对周围环境感到很新鲜，以及高考前长期备考，十分紧张劳累，加之再受一些学习放松的同学的影响，读书不是很努力，所以，期末考试中一些学习科目成绩不好。就要放假时，我把他叫回家来，并要求他带来考试成绩单。

许璐带着成绩单来了。我接过来仔细看了看，成绩单上竟然有不及格的科目。我看了看他，严肃地沉默不语。他有些紧张，不安。

过了一会儿，我说道："怎么回事？你竟然有不及格的科目！当然，单看一次考试的成绩，不一定就能全面体现学习情况，但不及格，必然表明你在学习上有差距。是吗？"

许璐说："奶奶，您说得对。这学期我在学习上没有苦下功夫，有些贪玩。下学期一定努力。"

我说："这就对了，以后你一定要把学习放在第一位，学生的任务就是要学习。再说，哪有不及格能领奖学金的？（当然，生活补贴每月照给，我这样说，是为了激励他刻苦学习。）"

从这次重要的谈话之后，许璐有了很明显的变化。学习努力了，不仅再也没有不及格的情况，而且成绩不断提高。其他方面也有改进，如生活俭朴不随便花钱，和同学相处也很融洽和睦。

我为此也不再需要多操心了。

许璐很有悟性，质朴淳厚，而且很重感情。时间不长，他就把我这里当成家了，无拘无束，和我们十分亲密。再过一段日子，他开始关照我们，常常十分主动、自然地帮我们做这做那。

如帮我修电脑，替我去买东西，扶着视力模糊的爷爷下楼外出，陪我一起到医院看病，和我一起去机场接人，等等。我们的关系就越来越亲近了。

就要毕业时，在他准备回家时，我对他说，回去和父母商量一下，毕业之后想到哪里找工作，回来告诉我。

他从家里回来后，对我说："我想留在天津找工作，父母都同意了。"

我说："很好，既然你上的是师范院校，就应当做个教师，教书育人。对吗？"

许璐回答说："对！我早有思想准备了。奶奶当了几十年的老师，来天津之后，我耳濡目染，也很热爱教育事业。"

于是，在我的帮助和鼓励之下，许璐积极地到各区的学校求职，最后经过数次笔试、面试，被西青区田丽小学录用。

许璐是数学教师。从他正式上班起，我一直关注着他的工作进展。对如何逐步提高教学质量，如何做好班主任工作，如何和同事们相处，乃至于如何讲好普通话，等等，我都予以指导。

许璐工作数年以来，自觉努力，成绩突出。2014 年参加全国第五届"和谐杯"小学说课比赛，荣获一等奖。

他要结婚了，可按照当地的习俗，男方要送彩礼，而且数字还不小。这可把许璐的父母急坏了。我得知后，什么也没说，就给了许璐一万元。

许璐成家之后，工作兼家务十分繁忙。可是，他依然对我们十分惦念和关照，不断地来看望。我们力所不能及的事，他都义不容辞地去做。

在天津，临别时，我们依依不舍，许璐送了一程又一程……

接着就是电话、电子邮件不断往来。许璐俨然是亲孙子。

此外，我在社会上也结交了一些朋友。

如在我的小孙子出生七个月时，儿子就把他带回天津，由我们照料。当时，虽然我已经退休，但由于当时我常要上些课，所以先后请了两位阿姨帮助带孙子。

一位是董姨，一位是张姨。她们只管了不到两年，孙子两岁半就上幼儿园了。按说，一年多的时间是很短的，在一般情况下，事毕，是不会再有什么来往了，可是，十几年来，直到现在，我和她们的联系一直很密切，成了很好的朋友了。这是因为，她们一来，我就把她们当作朋友热情相待。对于她们家里所出现的难事，子女的成长，都竭力相帮。如董姨的女儿李丹，当时正面临高考，我对她怎样镇静地进考场，争取考出最佳成绩，高考后如何填报志愿，等等，都予以指导。她考上了我们学校，毕业后，我又指导她如何应聘、求职。待年龄大些时，对如何交男朋友，也给予帮助。李丹现在不再叫我“吴老师”了，而是亲切地叫“吴奶奶”了。

张姨的儿子十多岁时，由于受了社会上的不良分子的影响，做了错事。我循循善诱地开导他要知错改错，走光明之路。后来他找到了正式的工作，踏踏实实地干着。董姨和张姨的婚姻都十分不顺，我时常劝慰、开导她们。她们也常常帮助我。我们以后还会继续交往。

再如我和所住的社区里的一家水果店的经营者刘师傅和吴姐也是好朋友。

十多年之前，他们在社区的一个不大的商场里，摆摊卖菜，我常去买。当时，商场里共有四家菜摊，可过了不久，其中三家菜摊先后都撤了,只有刘师傅和吴姐一家菜摊继续经营,且生意兴旺。

有一次我去他们摊上买菜,问他们:“刘师傅、吴姐,我问你们一个问题,这个商场里,原来有四家菜摊,为什么那三家都撤了,唯独你们依然在卖菜呢?”刘师傅、吴姐听了之后说:“吴老师,您说呢?”我笑着说:“12个字:货真价实、薄利多销、服务热情!”他们连连点头称是,说:“吴老师,您真会总结。做生意就得这样。”

后来,他们又改卖水果,生意依然兴隆。我去买水果时,因为彼此很熟了,我不问价钱,不去挑拣,也不问分量,刘师傅、吴姐知道我要买什么,十分麻利地称好、包好,我只要付钱就拿走了。此外,他们家里或者生意上有什么难题,我也十分关怀,帮他们出主意,想办法。我们往来十分融洽。

上述的友情只是举例,除此,我还有许多朋友——好朋友,真朋友。

我为此倍感幸福。

……

至诚把挚爱的门推开了,挚爱把阳光带进来了,阳光把温暖送来了。

由挚爱而结成的友情,它清、它净、它纯,什么都不掺。

由挚爱而结成的友情,存在于内心的最里层。

在生活中一点一滴积淀而成的友爱细节,也同样铭刻在心,要万分珍惜。

友爱是双方的挚爱和诚笃的呼应,友爱就是一泓涓涓流泻的泉水,友爱就是一首永远写不尽的诗。

友情从本性上拒绝功利,友情不需要投资。要让朋友从你这里感知到自尊和自信。宽容、大度、谅解、耐心里面都盛着挚爱。

三、浩劫之中要保住人性

1966 年 5 月到 1976 年 10 月,全国爆发了“文化大革命”。

“文化大革命”对于中国人来说,是史无前例,也是后世绝不会再现的浩劫,而且长达十年之久。

人的一生都要保住人性。在如此混乱,黑白颠倒、善恶混淆的非常时期,尤其要保住人性。

人性是指在一定的社会制度和历史条件下,形成的人的本性,即人所具有的正常感情和理性。人类这种天然属性,会随着时代的发展,社会的进步,逐渐稳定在良性范畴之中。

历史发展到了当今的现代化时代,人性这种良性范畴最重要、最核心的是善良。

……

“文革”留给我的记忆,是沉重的,是痛苦的。

当这场暴风雨以排山倒海之势突然袭来,大家都不知所措、晕头转向时,一天早晨上班,我一眼就看见了教研室所在的一排平房的墙上,贴出了一份十分醒目的大字报。标题是“打到反革命分子惠伊琛”。

这份大字报像一枚定时炸弹一样,震惊了所有经过这里的教职员工。大家都挤在一起看,原来这是语文组的卢晓义所写。

我仔细地看完了大字报的内容。里面列举了惠伊琛许多的

“罪行”。而在我看来，都是些工作上、生活上等方面的一些缺点，而且有一些是微不足道的小事，和“反革命”毫无关联。

对此，我十分惊诧。惠伊琛和卢晓义是同班同学，也是比我晚一届毕业的校友。他们同窗四载，同事五年，卢晓义对惠伊琛有什么深仇大恨，如此同室操戈，把他置于死地?！他又为什么如此暴烈、如此狂热?！

卢晓义此举，像狂风骤雨一般，席卷了全校。当天，校内各处就贴满了类似的大字报。第二天，更多的大字报铺天盖地贴满了所有的墙壁。到处都是“揭发”“打倒”“反革命”“无产阶级专政”等字样。

学校大乱。

惠伊琛第一个被抓、被斗、被打、被抄家、被关进小黑屋。接着一个个被“揭露”出来的“反革命”也被抓、被斗、被打、被抄家、被关进小黑屋。

在这混乱的日子里，一天我在宿舍里，周雅风推门进来，忧心忡忡地问我：“你说惠伊琛会是个反革命吗?”我坚定地说：“绝不是，不会是！”她也说：“是，我也这样想，绝不是，不会是！”

我们俩共同决定，不参加造反，不乱写大字版，静观事态的变化。

惠伊琛开始被看管得很严，我们没法接近，偶尔能打个照面，也不能说话，只有以目对他表示关怀。过了许久之后，惠伊琛获得了一些自由时，我们就和他常常攀谈，鼓励他要坚信，黑白颠倒的事一定会真相大白的。再后来，惠伊琛完全自由了，我们就和以前一样，依然和谐相处。

在学校大乱时，由于出身问题，使我终日忧心忡忡，惶恐不安。

一天，在校园的一面墙上，我看到了一份由造反派所写的“我校公安六条分子名单”。那上面密密麻麻写了很多人的名字，我仔细一看，我的名字也在其中！什么是“公安六条”我搞不清楚，但肯定是划为敌我矛盾范围的！我顿时心惊肉跳，急忙快步躲开。

当时，我随时都准备着被抓走。吃不下饭，睡不着觉，苦熬着……

可幸好的是，数天之内，无人到宿舍来骚扰。

再后来，在数不清的大字报中，也未见写我的大字报，为此，我紧张的情绪略微放松了一些。

可是，一天傍晚，我路过教学楼的一角，却看到了一份贴在墙上，有我姓名的大字报。我近前细看，“吴亚芬是个大特务”赫然在目！

这不可思议的编造，使我大为震惊！

这是怎么回事?！我竭力镇静下来，看下去。大字报里面写道:“吴亚芬和学生一起到棉纺二厂上夜班时，每到12点，就要车间主任给门卫打电话，说她要出厂。她这是去和特务接头。”夜里12点我请车间主任给门卫打电话要出厂的事实是有的，但是原因是这样的:当时，我的儿子还不到一岁，正在哺乳时期，鉴于此种情况，校领导明确决定我可不去上夜班。但我觉得在棉二学工，三班中，夜班最辛苦，我如果不去，于心不安，可是，如果上全班，顶一夜，孩子又吃不到奶。我想来想去，就决定夜班10点上班，我跟着学生去，孩子由奶奶照料，12点时，我再回去哺乳。(请车间主任打电话给门卫，是出于安全考虑。)

这样的事，竟然荒谬、离奇地演变成了当特务去接头，谁会想得到呢？

可是，当时当地，不容许我再想这些，而是将会有什么后果：和许多人一样，被抓？被打？被批斗？……我不寒而栗了……

此时，周围竟没有人往来。

正在我不知所措之际，天上突然乌云密布、雷声轰鸣，顿时下起了大暴雨。

在大暴雨的冲刷下，这份连糨糊都未干，新张贴的大字报，竟然张张粉碎，成片成片地泡在水里，什么都看不见了！

莫非是天助我吗？

转天也未见补贴的大字报。

我的大难竟然如此躲避过去了。

“文化大革命”之后，1977 年 3 月，当年写“特务”这份大字报的几位学生，约定好了一起来校给我赔礼道歉。

他们说当时因为受了造反派头头的怂恿，而且还要求无限地“上纲上线”，于是，编造了这份大字报。他们还说，大字报刚一贴出，就被暴雨冲刷掉了，很少有人看到。他们第二天没有补贴，是因为他们觉得这本来就是胡编乱造的，被暴雨冲刷了，就没有兴趣再编造了。这些年来，一想起此事，就有愧不安，为此特来向老师道歉。

我热情地接待了他们。对他们说：“这不怪你们，也不用赔礼道歉。在当时那种黑白颠倒、善恶混淆的大动乱时期，你们年轻，十分热情，但判断和识别能力都不强，难免会有一些不当之处，过去的事，就过去了，不要再提了。重要的是，希望你们在教书育人方面不懈努力，不断创出新成绩。这就是我对你们的期望。”

这些学生此后都和我保持密切联系。

我们师范学校的老校长卢幼忱德才兼备，早年毕业于北京师范大学，而且是地下党员。他倾心教育、治校有方，颇有学者风度。他已仙逝多年，但我一直很敬重他，怀念他。

卢校长在退休之后，精心创作，先后出版了五本名为《秉天·和光诗词集》的书，都赠送给了我。

在我逐本读他所写的诗词时，竟然发现了有一首诗是写我和同事孔详珍的。

这首诗题为《忆“文革”中一次学工劳动——思念吴亚芬、孔详珍两同志》。

内容是：

北风刺寒骨，
钉凿冻肌肤。
仗义去请命，
甘受双重苦。

这首诗有一条注解，这样写道：

“忆‘文革’时期“四人帮”指令要知识分子学工劳动。当时我已被定为“走资派”。我和两同志在一个组劳动。隆冬数九，天寒风刺骨，耳鼻与手指冻得失去知觉，真如堕指裂肤。我们在户外钉大包装箱（装厂里出产的起重机），其他人都在有暖气的车间劳动。相比之下，既不公平，也太苛刻。两同志看我年龄较大，身体很单薄，不忍心看我受这份苦，出于人道主义精神，孔、吴两人向管事的人反映，要求照顾我的身体，把我调到车间干活。他们两人甘愿承担三个人的劳动量。这件事情虽然因劳动期限即将结束，没有调成，但孔、吴二人仁者之心、大义凛然之正气，敢于指出“四人帮”违反人道主义的措施，为我请命，使我十分感激，也十分钦佩。至今四十多年过去了，我每忆及此事，仍感难得，实难忘记。”

看到这首诗和注解，使我回忆起1980年的一段往事。

我历经二十多年的努力，终于在1980年入党，7月1日举行入党宣誓之后，卢校长找我谈话，对我表示了鼓励，并提出了新的要求。在谈话之中，他就提到了在起重设备厂的这段事。他说：“这段事一直在我的心里存着，你和孔详珍这样做是很感人的。做人就应当这样，希望你一辈子都坚持下去。”

这件事已经过去很久，我已经淡忘了。经卢校长一提，我倒想起来了。当时，知识分子都被称为“臭老九”，意思是我们都是第九种坏人（前面是地主、富农、叛徒、特务、反革命、坏分子、走资派、牛鬼蛇神），都被发配到起重设备厂劳动改造。我和卢校长一起在室外劳动。卢校长顶着“走资派”这个可怕的帽子，校内许多人对他都不理不睬，尤其是一些以前围着校领导转的中层干部，唯恐躲之不及，更离得远远的。而我想的是：对一个人经过长期接触、观察、判断而形成的认识和印象，是不会突然改变的。在我的脑子里，卢校长原来是什么样，现在，纵然戴了“走资派”的帽子，还是什么样。所以和他在一起劳动，我对他的态度毫不改变。他长期患有腰脊劳损，天很冷时，我常常提醒他穿厚衣服，好好保护腰部。我觉得这是很平常的事。而孔详珍是我的大师兄，为人一贯善良、诚挚。所以我们看到卢校长受冻难忍时，就一拍即合地一起去找车间主任，提出上述要求。这在我们看来，也是应该而平常的事。“文革”之后，卢校长仍然是校领导，可我们从来未曾想过去到处张扬。

卢校长和我的谈话，我记住的就是“做人就应当这样，希望你一辈子都坚持下去”。

我的同事和邻居胡加兰，是个所谓的“摘帽”右派。在“文革”初期也被当作敌人，被抓、被批、被斗，强制劳改，但没有关禁闭，允许她每天回家。

我对她的遭遇感到十分的不公，非常同情。原因是：对反右派，我一直就有看法。认为打成右派的人数太多，其中会有许多冤案（每想到此事，我就不由得想到在上学期间，被打成右派的那几个老同学，并常常为此唏嘘感叹）。再者，既然已经摘下了右派的帽子，这就是说，已经不是右派了，怎么又成了敌人呢？为此，对她的态度，我不仅依然如故，而且格外地热情、亲近。我们常常一起攀谈，我不断地鼓励她要忍住、要坚持，光明的一天必将到来。

“文革”的闹剧收场之后，胡加兰终于等到了光明的一天。不久，她就退休安度晚年了。

……

善心源于大爱，是人性的本质。善心是人人都应有的。

一颗善心，包容了人类的一切美德——热忱、关怀、同情、诚挚、率真、宽恕。这是一笔无法计算的精神财富。

一个人最有助于社会进步，最有助于他人幸福的，莫过于怀有一个善心。

善待他人，就能给他人以温暖、以扶助、以慰藉、以激励、以快乐。

为他人，为社会每做一件善事，就如同种下一粒蕴含着勃勃生机的种子，待到种子发芽、长大、成材，结出累累硕果的时候，那是何等的蔚为壮观！

一个人只有怀着一颗善心，他的生命才有光彩、才能充实、才能自慰、才能快乐。

怀有善心做出来的事，任何时候都会得到来自四面八方的呼应和回响。

四、照看孤老入土为安

我1956年来天津上大学时，就和早就熟知其经历但从未谋面的三舅相聚了。

三舅当时四十多岁，但面孔上却满布沧桑，十分憔悴。过去，在家里经常听妈妈提及三舅的事，印象很深。他博学多才，但却经历坎坷，命运多舛。他唯一的儿子在四岁时不幸丢失，下落不明。三年后，由于一个偶然的机遇，他找到了丢失的儿子，但儿子却已经因智障而失去了所有的记忆，接回家不久，就因急症而去世。这个致命的打击，使他难以承受。再者，他因为家庭出身不好，加上青年时代留学日本数年，在极“左”思潮泛滥之时，他所任职的工农速成中学的有关领导，就把他看成异类，把他下放到地处郊区的制药厂劳动。

我的三舅母是一名小学教师，生活和工作都比较安定，但由于丧子之痛所致，精神也很不好。

初来天津之后，我只是想多去看看他们，尽到关心、安慰之情，并帮助做一些家务事，等等。由于他们尚处于中年阶段，长远的事，我尚未细想。

待我毕业时被留在天津工作之后，我就很认真地考虑了这件事，而且下了决心，鉴于三舅夫妇无后，我就应该是他们的女儿，一定对他们尽孝到底。

“文革”之中，三舅受到了迫害。造反派以莫须有的罪名，批斗了他，在他上衣的衣襟上缝了一个小布条，上面写着“日本特务”四字，严令他不可私自摘下，走到哪带到哪，以此来侮辱他的尊严和人格，而且还让他搬到牛圈里去住。

三舅母也由此受到了株连。一天上午，突然来了四五个造反派，他们到了之后，就气势汹汹、不由分说地抄了家，而且给三舅母剃了个阴阳头，让她站在大门口低头认罪。抄完家之后，造反派把卧室的门锁上，不让进去，然后就扬长而去。

我得知此情况之后，急忙带着被褥去看望三舅母，又向邻居借了一块木板，临时搭了一个铺，让她在过道上暂时住下，并且反复开导、安慰她，直到她基本平息了惊恐情绪。

第二天我又急急忙忙赶到郊区的制药厂，去看望三舅。他看到我来了，就紧紧地拉着我的手，眼中流下了泪，默默无语。我尽心地劝慰他。

“文革”后期，三舅虽然不再受凌辱，生活得到了一定的改善，但还是在制药厂劳动。

1976 年 7 月 28 日凌晨，唐山爆发了极其强烈的大地震，波及天津。

当时，我们的住房也晃动不止，两个孩子被惊吓得大哭。幸好我们是住在校内的教工宿舍，学校以最快的速度，组织专人来引导众人到大操场安全场地避难。正巧,孩子的叔叔当时在天津暂住,于是,我把孩子托他照看,就急急忙忙骑着自行车出校,想赶到三舅家去看看。因为老两口独居,不知情况如何,我放心不下。

此时,余震不断,马路两旁的房屋不时地在晃动、倒塌,尘烟四起、满目疮痍……街道上站满了惊魂未定的人群,十分混乱。

在这种状况下,骑自行车是很困难的。我只能时骑时停,余震猛烈时,我被颠得从车上摔了下来……可我心里十分焦急,什么都不顾地拼命往前奔……

好不容易到了他们的居住地云南路东亚里,我惊恐地发现,此处比我路过的街道灾情更重。大多数的房子已经完全倒塌,少部分的房子也摇摇欲坠,倾斜得就要倒塌,遍地瓦砾……居民们都跑了出去,周围空无一人。

见此情景,我十分紧张,急忙到附近的街道去找,找来找去,终于在一个十字路口看到了三舅和三舅母。

只见他们连外衣都来不及穿,各自身上围着一条床单,惊魂未定,狼狈、畏缩地站在街上。我急忙上前去扶,就感到三舅浑身瑟瑟发抖……

我紧紧地拉着他们的手说:“三舅、三舅母,不要害怕,别紧张。跟我到学校去,那里正在大操场搭建帐篷。咱们都可以在那里住下。”

他们一听,情绪就舒缓下来。

接着,我在周围好不容易找到一辆三轮车,出高价央求车主帮忙送他们和我一起回学校。

到了学校,只见操场上已经搭起一些帐篷,总务处的人说,一家一个,临时安顿下来。他们看到我带来了两位老人,顿时就指定一个大号的帐篷说:“这就是你的了。”于是,我就把他们安顿好了。

1978 年,我校升格为天津高等师范专科学校,开始招大专生入学。

当时学校师资缺乏,尤其是外语系奇缺。为此,校长向老师们提出来一个要求,即希望大家能推荐符合要求的教师来校应聘。此时,我立即就想到了三舅。他是留学日本的专业人士,在日本学的是英语专业,并且也精通日语,这正是学校所需要的教师。于是,我就把此情况向校领导说明。随即,校长就决定让三舅来校应聘。

经过校评审人员审核,三舅很顺利地被确定为合格的人选,正式调入我校外语系任英语教师。

此外,由于他们所住的东亚里一带损坏严重,市里决定大面积拆迁,学校为了照顾两位老人,还特批在教工宿舍给他们一间房子住。

这对三舅的命运,无疑是个重要的转折!他激动、感激、珍惜……而这一切,都化为了他对教育事业无比的热爱,化为了兢兢业业、鞠躬尽瘁、不懈努力的敬业精神。确实,三舅自到师专从教以来工作热忱,得到了领导、同事、学生的一致肯定。

可是由于长期以来积劳成疾,他的身体日渐衰弱,常常胃痛不止。

1982 年的一天,我和他都是上午第一节有课,我们一起去校内上课。刚刚出了教工宿舍的门,我就发现他佝偻着腰,精神萎靡,步履蹒跚……

我就停下脚步说:“三舅,您是不是很不舒服?看您的气色很不好啊。”

他低声地说:“是不舒服……可是,还是把课上了,今天就一节课。上完再回来休息……”

我听他说话的声音很微弱,就不放心地说:“我看,还是不去上了吧。好在您今天正好给我做班主任的那个班上课,我去安排他们自习,以后再把课补上。”

他坚持说:“还是去上吧。”

见他如此坚持,我只好搀扶着他往前走。

待我把上午的两节课上完后,回来看他时,他已经在家睡下了。

当天深夜,我已经入睡了,突然一阵急促的敲门声把我惊醒了。只听外面传来三舅母急促的声音:“亚芬!快起来!你三舅胃疼得忍不了了,连衣服都穿不了!快!快!……”

我连忙起来说:“就去!就去!”

周劼(我的爱人)此时已调来天津,他和我一起以最快的速度穿好衣服,急忙赶去。

一进门就看见三舅缩在床上,痛苦不堪,连话也不能说。我们急忙给他穿衣服。此时,周边的同事听到了动静,陆续出来几位,见此情景,就一齐急忙想办法把他送医院急救。那时既没有120急救车,也没有出租车和担架,有人找来了一块能抬人的木板,四个人抬着急忙去医院了。

所幸河西医院离得不远,半个多小时就抬到了。进了医院就直奔急诊室,医生接诊后,又急忙送手术室。我们怀着急切而又担忧的心情在手术室门外等着……

过了两个多小时，只见一位大夫从手术室里出来。她环视了一下问："谁是病人的家属？"

我急忙走了过去说："我是。大夫，病人病情怎样？"

大夫摘下了口罩说："是胃癌晚期，没有办法开刀了！"

大夫的话犹如一声炸雷一样在我眼前炸开了！什么？胃癌晚期？没法治了？三舅才六十二岁，刚刚在他热爱的教育岗位上工作三年多，他的才能尚未得到充分发挥啊！

这是多么无情的打击啊！

……

接着，他就被送到病房，浑身插了许多管子，不能动弹，也不能吃饭了。开始，他还能说几句简短的话，几天之后，知觉虽有，但已经说不出任何话了……

他需要全天二十四小时护理，我们请了一位护工，但我们也需日日前去护理。周劼白天上班，夜间和护工轮流守护；我白天上完课之后来病房守护。就这样，护理了四十多天。尽管我们每天都十分疲劳，但是依然坚持着。

这四十多天，三舅十分痛苦，但是却在极力忍受着。他心里肯定存着许多话，可是一句也无力说出来。他每天在病床上只能以一个姿势躺着，自然周身疲倦，十分不适。为了解除他的一些疲劳，我每天都给他做周身按摩，而且还常低声劝慰他。有一次按摩时，他精神略微好一些，就把右手伸出来，紧抓着我的手不放，这是他在和我说话啊，许多年之后，这个细节我还清清楚楚记在心里。

三舅躺在病床上与病魔抗争了四十六天，黯然去世了……

和他同病房的两位患者，齐声对我和周劼说："你们俩是周老师孝顺的儿子和女儿啊！他福气很大。”

三舅去世之后，三舅母就更孤单了。于是，我们把她日常生活中所有的事全包了，购物、打扫卫生、洗衣服，陪她去医院看病，陪着她聊天解闷……还给她专门安了一个电话，我们随叫随到。

过了几年，她患了老年痴呆症，行为奇异怪诞，语言荒诞无稽，从而引起许多麻烦。如唯一与她有血缘关系的外甥女，好心好意地去给她打扫卫生，她怀疑外甥女是去偷东西，气得外甥女从此不再登门。甚至，在三舅母后来病危及去世时，尽管我数次电话通知了她，她也不露面。再如居委会的人好心去看望她，她认为是要强占她的住房。这样搞来搞去，除了我们，谁也不进她的家了。

对于我们，她也疑神疑鬼，有时，我去给她送买来的食品，反复按门铃，她明明在家里，就是不开门。在这种情况下，我或者在门口耐心等着，或者写个纸条和物品放在一起，搁在门口，待她出来时自己拿进去。有时，她当着我们的面也讲些不伦不类很难听的话，我们都不介意。

对她的怪异和无理，我们之所以如此不予计较，一者，她这是病态，要多多原谅；二者，她孤苦伶仃，无论是什么情况也要坚持照料。

2000 年 4 月，她突发急病，被送到了南开医院。经医生诊断，确诊为膀胱癌晚期！（又是个癌症晚期！）此时，我已退休，时间宽裕了，我就和聘请的一位女护工，天天轮流在医院陪护。

此时，我因突然患了面瘫，正在天津中医药大学第一附属医院治疗，也因此事停止了治疗，为此留下了后遗症。但我绝无抱怨,因为我认为照看孤老,比自己治病更重要。

三舅母刚住院时,比起当初三舅急诊入院时,她的体力和精神都好一些,还可以下床走动走动。

有一天,我带来了一个她一向最爱吃的天津特产的沙窝萝卜,并且洗干净切好了,搁在病床旁的床头柜上请她吃。她拿起来左看右看,望着我说:“亚芬,过去我错了,请你原谅。”

呀!我十分惊愕,心里想:痴呆症竟然能好些了?这真是奇迹呀!我连忙说:“不说这个,不说这个……现在是治病要紧……”

过了一个多星期,她的病情突变,神志不清,躺在病床上,完全不能动。大夫赶忙急救,她浑身插了各种管子……

但一切都无济于事,急救约一小时,她就溘然去世。

第二天清晨,我们联系了殡仪馆。待殡仪馆的车到达医院太平间的门口时,发生了一个难以解决的问题:太平间的工作人员和殡仪馆的司机,均不管抬遗体上车。而当时在场的家属只有我和周劼两人。怎么办?无可奈何之下,只有我们两人抬了。我吃力地抬着遗体往外走,毕竟我已经六十四岁了,尽管我使出了最大的劲,但遗体太重,我刚刚支撑着抬到太平间的门口,就趔趄着要倒地了,我们就赶紧放下担架……这一切,都让站在车边的殡仪馆的司机看到了,他由于不忍心看到这一情景,就走过来代替我抬走了。

待我们都上了车就要开走时,司机十分奇怪地问我们:“这是怎么回事?我干这行好些年了,从来没遇到这样送葬的。怎么就你们两个人?你们是这位老人的什么人?别人呢?”

听司机这样说,也引起了我的感慨:三舅母走得太凄凉了!

她是老天津人，听说还是个大家族……她还是一位教龄几十年的老教师……我为她感到悲凉、难过……

我们把她的后事安排完了之后，将骨灰盒暂存在殡仪馆。几个月之后，我们把两位老人的骨灰盒专程送到南京，在家族先人安葬地的陵墓里，把他们安葬在同一个坟墓里，坟墓前立了一个墓碑，并刻上了纪念性的文字。这样，两位老人家就入土为安了。

此后，只要我们去了南京，就必去墓地祭奠。

“百善孝为先”，为什么古人把孝放在第一位？因为孝是人世间最高尚、最美好的情感，孝心是爱心、善心、良心的凝结，是人的根，是人的本。

孝首先体现在对父母、对祖辈的挚爱。孝体现出来的爱，是博大的、无界限的。对其他亲属，尤其是其中的孤寡老人，也一定要恪尽孝道。

我做到了，心里很踏实。这是我对自己的要求。

五、把关怀送到监狱

20 世纪 70 年代，我的一个学生因为斗殴伤人，被判刑五年。由此，我常常关心被关进监狱的青年学生，如何在这个特殊的地方接受教育，或者说，监狱应该是个担负着极其重要而艰巨的教育任务的基地。

我很想有机会去监狱这个特殊的教育基地，做些有益的事。这是我多年的愿望。

2010 年初，我偶然在《今晚报》上看到了一篇女子监狱如何教育犯人的长篇报道。报道里的描述深深地吸引着我,其中有很典型的事例,有很生动、感人的教育效果。

我反复看了两遍。而后,我的心里萌发出一个强烈的心愿:去监狱见见犯罪的失足青年,把一个教师的关怀送给他们,为帮助违法失足的青年学生尽一些力。

我越想越激动,于是就做了决定:争取去监狱看看那些失足青年。

以什么方式去见犯人呢?我也想了想。

去赠书,并和犯人交流。

赠什么书呢?

一本散文集《我多想对你说》。

为什么要赠这本书呢?

是因为如下情况:

我于1993年在天津人民出版社出了一本散文集,书名为《我多想对你说》。

这本散文集扉页的内容提要中写道:"《我多想对你说》是一本写人生的书。它融哲理性、文学性、趣味性为一体,以散文笔法触及人生百态,写青春、写高尚、写美德、写真情。它能将青年带进至善至美的境界,它能给正在探索人生之路的青年以启迪和感悟。全书立意深刻,有现代气息,文字简约活泼,笔调清新隽永,可读性强。"

全书共有84篇散文。主要篇目摘录如下:

1. 给你的生命添几把火

2. 怀有一颗善心

3. 心里应该有一块净土

4. 要输得起

5. 什么是你的成功条件

6. 不怕有错,错了就改

7. 容易走的都是下坡路

8. 我的内心告诫我

9. 不做不该做的事

10. 加重良心的砝码

11. 为自己开道

12. 不要穷得只剩下钱

这本书出版之后,在青年人之中,反响较强。我收到了许多青年的来信,谈读后感想。

有一个叫赵冠峰的大学生,2001 年 7 月 10 日,以《吴老师,我也想对您说》为题,来信写道:"吴老师您好!从拜读完您写的《我多想对你说》,至今已有很长一段时间了。自己心里的感触有许多许多。从中对'人生'更加了解,对每个人从出生到结束生命全过程中,应该做些什么,不应该做些什么,去珍惜什么等一系列问题,有了一个很深的烙印留在自己的脑海之中。真正地懂得了什么才是真正的人生,怎样去奋斗,去拼搏,去度过一个充实完美的人生。懂得了怎样做人,怎样孝敬父母,怎样……

"每当我读到精彩之处时,我就会停留下来仔细地品味,再读几遍。这本书写得多好啊!写得多么有力,也正写入了我的心怀。有时就感觉里面的每一句话、每一个字、每一个词像是替自己写出来的。更多的时候,读到自己内心深处时,我的鼻子一酸,眼泪就浸满眼眶。能写出这样文字的人,她的内心感触必定要比读者的感触深很多很多。也正是因为作者对人生的深刻感悟,才写下了这样的肺腑之言,这样令人激昂的文字。作者的心是多么的高尚,胸怀是多么的宽广……"

有一天,我接到一个电话。

从话筒里传来了急促的话音:"您是吴亚芬老师吗?……您是吴老师吗?……"

从声音判断,是一个年轻的女孩子。

我立刻回答:"是的,我是。你有什么话要说吗?"

对方回答:"哎呀!我可找到您了!我和天津人民出版社联系了好几次,才找到了您的电话号码……我有话说!……我有话要说!……"

我亲切地说:"你说吧。我在听。"

她说:"吴老师,我今年二十二岁。不久之前,我受到了一次重大打击……原谅我不提具体情况了,它太伤人……这使我万般痛苦、绝望……我无力摆脱,备受折磨……我不想活了……我要死!而且我已想好了怎样去死,就在这个时候,朋友给我送来了您的《我多想对你说》这本书。我看了,而且仔细看了一些篇章,尤其看了《不要轻生》这篇。我如获至宝地反复看了不知多少遍!……然后,我决定不死了!……"

我一直在认真地听着她的话,听到她说"我决定不死了!"之后,就连忙对她说:"不死就好!不死就好!你一定要坚持住!你要拿出死的勇气,去应对你所遇到的挫折、不幸和痛苦!如果你真这样做了,在你的面前,必定会出现康庄大道!"

女孩说:"吴老师,您说得对,我一定听您的话,好好活着。您放心!"

一个星期二的下午，团委在大礼堂举办了一次《我多想对你说》演讲会，请我去参加。到了时间，我悄悄地进了礼堂，在后排的一个座位坐下，静静地听。演讲会共有 12 个不同班级的学生参加。他们都做了精心的准备，都是脱稿演讲。篇目也选得好，如《心中永存希望》《你应当是个强者》《怀有一个善心》《勇敢的第一步》等。演讲者情绪高涨、感情充沛。演讲会气氛浓烈，掌声不断，给我留下了深刻的印象。

这本书在 1995 年 12 月获得“中大杯第五届全国优秀青年读物二等奖”。

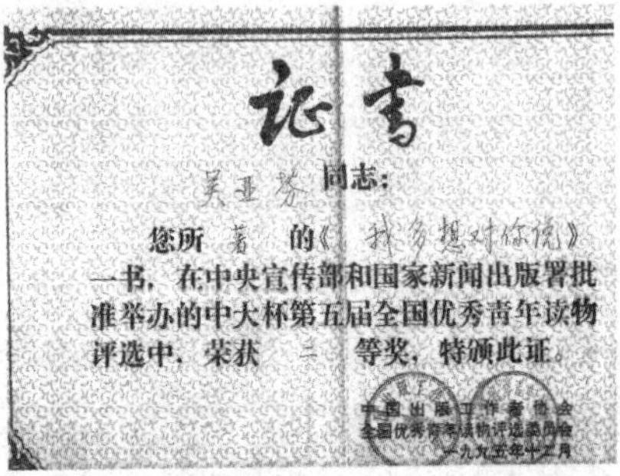
证书

吴亚芬 同志：

您所 著 的《我多想对你说》一书，在中央宣传部和国家新闻出版署批准举办的中大杯第五届全国优秀青年读物评选中，荣获 二 等奖，特颁此证。

中国出版工作者协会
全国优秀青年读物评选委员会
一九九五年十二月

《我多想对你说》获奖证书

鉴于上述情况，我去监狱赠书，这本书是最合适的了。

此书出版之后，我买了四百本，但大多都陆续送人了。幸好还有几十本存在家里未动，可以带到监狱里。

一天上午，我带着一本书，按照和监狱局的约定，来到了监狱。

我见到了监狱长，向他说明了自己来意，还特别提到我希望能见到原来身份是学生，尤其是大学生的犯人。监狱长听后，对我表示了欢迎和支持，并且定好了时间。

2012 年 4 月 17 日下午 2 点，我带着赠书来到了西青区新建的监狱。教育科长领着我到了监狱监教楼的一间大教室。里面坐着五十多名犯人，基本上都是年轻人。

按监狱长的安排，我首先到讲台上对他们讲自己想说的话。我生平第一次到监狱——这个特殊而陌生的地方来。

我走到了讲台上，看了看身着囚服的年轻人，心里涌动着十分复杂的情思。

“同学们！我还是叫你们同学们吧。但是，我多么不希望在这里见到我的学生啊！”此时，我的眼睛有些湿润了。

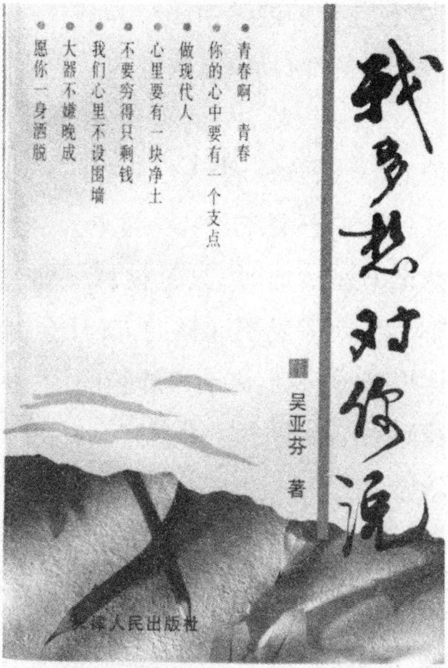

天津人民出版社出版的《我多想对你说》

台下一片掌声。

“既然犯了罪，就不能回避，就要正视。古语说：‘浪子回头金不换。’只要能悔过自新，你们就可以成为连金子都换不来的优秀人才。古语还说：‘苦海无边，回头是岸。’只要回过头来，下定决心和罪恶彻底决裂，岸上的路，条条都通……只要你们能洗心革面，我就认下你们这些学生……”

又是一片掌声。

讲完话之后，就是赠书。

我原想把书放在讲台上，让他们一个一个上去拿。但教育科长却说，最好是我一本一本送给他们。

我就按照教育科长的要求，一本一本地送给在场的每一个人，放在他们的手中。

他们都很激动，气氛热烈。

每一个来拿书的犯人，我都简短地和他们说一两句话，鼓励他们。他们每一个人也向我问好，并表示感谢。

其中一个二十多岁的犯人，十分动情地走到我的面前。当我把书递给他时，只见他双手颤抖着，眼睛里满是泪水地说：“吴老师，像我们这样的人，社会上谁都看不起，而您却主动到这里来，给我们讲动人肺腑的话，还送给我们书，这……这太让我感动了！谢谢！谢谢！……我一定记住您的话，好好改造，重新做人！……”

我紧紧地握着他的手，频频点头。

今晚报 2002年4月18日
社会新闻部：27500101
夜间记者站：27500100

她这次讲的不是专业课，而是“人生大课”——

教授站上监狱讲台

本报通讯员 任庆起 刘莉

昨天下午，在天津市监狱监教楼的教室里，年过六旬、在大学讲台上教了近40年书的吴翌芬教授站在了监狱教室的讲台上。

来监狱帮教服刑人员是吴教授的夙愿。她希望能有时间和机会到监狱里，为帮教违法失足青少年尽些力。吴教授退休后，她将自己毕生经历以及对人生的感悟，写成青少年思想教育读物《我多想对你说》。她带着上百本书主动来到天津市监狱向监狱长谈了自己的想法，受到监狱长的支持和欢迎。

对着台下身着囚服的这些年轻人，老教授心情很复杂。“同学们，”她的眼睛有些湿润，“我还是叫你们同学们吧。”台下响起掌声。“但是，”她摇摇头，“我不希望在这里见到我的学生啊！”“只要你们能改过自新，我就认下你们这些学生，我会和这里的民警一起，帮着你们找回失去的东西……”又是一阵掌声。

不知不觉这节“课”已经上了3个多小时。服刑人员被这位热心的老教授所感动。临别时，吴教授告诉她的“学生”，她还要来，她要把这节“人生大课”讲下去。

2002年4月18日《今晚报》刊登《教授站上监狱讲台》一文

送完书之后，我就和围在我身旁的犯人随意交谈。一个三十多岁、身材不高、面色憔悴的犯人走到我的身边，对我说：“吴老师，我坦率地和您说，我是天津财经大学毕业的，工作中总是和钱打交道，不知不觉就被钱腐蚀了。我犯了贪污巨款的重罪，被判了死缓的重刑……我为此绝望了，整日天昏地暗地熬……今天听了您的讲话，我心里明朗了！……死缓也是有路可走的……”

我连忙说：“你说得对，死缓也是有路可走的。从今天起，你就振作起来！坚持用行动走出来。我相信你！相信你一定能一步一步地减刑，相信你一定还能步入社会，为国家做出贡献！”

他含着泪紧紧地握着我的手。

……

世界上任何一个人都需要他人的关怀。

世界上任何人都应该关怀他人。

为人最高尚者，莫过于把那生命里最深处的泉源——圣洁的关怀，捧给世界，献给人们的人。这种人格的升华，是最美丽的、最具光辉的。

关怀是最有力量的。它能激起他人向前走的勇气和信心，能打破隔绝的围墙，使人大踏步地向前走。

世间确有许多令人遗憾的人和事，但毕竟有更多的关怀和爱，它使我们的血热着，它鼓励我们向前看。

世界之可爱，就在于它的有情、有爱、有关怀、有牵挂。

把自己融入他人之中，看到了他人的微笑、欢乐，我们的眼就会清澈如水，我们的心就会宁静温馨，我们就会快乐！

六、对钱的取与舍

钱和生活在社会上的每一个人，都有脱离不开的密切联系。人不能没有钱。人们赖以生存的衣、食、住、行，都要靠钱去取得。

而人却不能唯钱独尊。

在当今汹涌而来的商品经济大潮中，钱在人们的意识中，显得突出地敏感和令人瞩目。

有人把钱看得十分清晰、十分透彻、十分明智。

而有人则与钱为伍，把钱视为万能，俯首做钱的奴隶。人对金钱的贪欲，是邪恶的根源之一。

钱能使人高尚，也能使人低下。

……

作为工薪阶层的一员，服务于社会，就领取一份报酬，这是顺理成章的事。

所以，我和其他所有的工薪阶层的人一样，每月的工资，理当领取，以用来维持生活。而且，随着国家经济的发展和繁荣，不断提薪，生活日渐改善，也是我们很高兴的事。

靠着每月的薪金，能够丰衣足食，略有储蓄，生活在这样的经济环境之中，吾愿足矣。

这是我对钱的取。

此外，由于各种情况，除了工资之外，我有时还会有些额外的收入，如奖金、稿费、生活补贴等等。这些也是付出所得，是正常的、应当的。对此，我都是根据不同情况做适当处理，或不接受，或用于公益，因为这样做会给我带来精神愉悦。

这是我对钱的舍。

……

1953 年 8 月的一天，我收到了在安徽宿县上学的大妹妹的一封信。

大妹妹从小就和妈妈的至交晋妈妈一起生活。原因是晋妈妈身边无子女，而又十分喜欢大妹妹，因此，妈妈为了减轻她的孤寂感，就把大妹妹送到她家跟她一起生活。

原先，晋家是大户人家，生活富裕，可战乱期间，晋家流离失所，家庭破败。所以，她和晋妈妈的生活就陷于十分困顿之中。

大妹妹给我来信，是因为急需 7 元钱交学费。学费已拖欠了很久，再不交就不能上学了。见信之后，我就从自己的生活费中，挤出 7 元钱立即给她寄去。

按说，帮助大妹妹解决了学费问题，自己就应该心安了。可是，我心里却久久被一种负疚感沉重地压着。

为什么呢？

大妹妹的生活十分艰难，急需帮助。给她寄学费时，我想到应给她寄个 10 元的整数为好。可是，当时我无论如何也凑不出来这个整数。为此，每当想起此事，我心里就很不安，而且还为此独自流过眼泪。

几十年过去了，我仍然忘不掉这件事。

……

在大学一年级学习时，有一件事，虽然已过去五十七年，但我仍记忆犹新，很值得回味。

在一个星期日的下午，我和班里的几个调干生（指大学生中的原在职人员）在一起随便聊天。在谈话中，有一个同学谈到了工龄满五年的调干生每月发 25 元生活费的事。他一提，就立刻引起了大家的热议。我先抢着说："发生活费是学校对我们的关怀，我很感动，但心里总有些不踏实。"另一个同学接着说："对呀，对呀。我们现在已经不工作了，没有贡献了，还拿着补贴，有愧呀。"下面大家都抢着说，分不清谁在说什么，但意思都差不多。

调干生中年龄最大的章大哥见此情景，就大声说："请停一停，大家是不是觉得生活费要减一些？""对！是！"章大哥接着问："减10元行吗？""行！赞成，赞成！"接着，所有的在场者都一齐自发地举了手。

大家推举章大哥做代表找校领导提出申请，章大哥又提出要宋大姐和赵二哥也当代表，一起去谈。

不久，章大哥就和大家说，校领导同意了。从下个月起每人扣除10元，发15元生活费。

此事就这样定下来了。

当时，伙食费每月11元，交了伙食费，我们每人还剩下4元。说实在话，这对我来说，生活是有困难的。因为，上学以前，我工作五年来一直给家里寄生活费，抚养弟妹。考上大学后，虽然二妹妹读技校已经毕业，有了收入，但家里经济仍然拮据，而妈妈坚决支持我上大学，明确表示不要我再考虑家里的事，她想办法解决生活上的困难。在这种情况下，我是绝不能开口要家里给补助的。

我用这4元钱买每月必须用的牙膏、肥皂等生活用品，其他什么都不用，甚至为了省几分钱，出去办事，公交车我都不坐，而是步行到目的地。

以后的三年，我和其他有生活补助的调干生就这样生活下来。

生活确实很艰难，但这是我们自觉自愿承受的，所以，心里很踏实，心情很愉快，不觉得钱太少，过的是苦日子。

我在任教期间，有一次课下和几个学生随意交谈，一个男生问到我："吴老师，我常听说你们50年代的大学生，在学习期间很艰苦，您能不能给我们讲讲那时的情况？"

我说："好。我讲讲。"

当讲到我们调干生自愿降低生活补助的事时，有个男生脱口说："啊呀，自愿要求降低生活补助，这不是很傻吗？"

我说："傻？……你体会体会，这个'傻'字最深层里含着什么意思？……'傻'就是'实'啊！"

……

1977年我因肠道发炎，住院做手术。之后，有一天下午，总务处主任老赵找到了我说："亚芬，有人向我们总务处反映，说你最近住院开刀，生活上有些困难。经我们研究，给你发一些生活补贴，你到会计室去领吧。"

我说："谢谢！但我不需要，日子还能过下去（其实，我已经入不敷出了。这时距发工资还有一星期，我只有几块钱了），把这钱给比我更困难的人吧。"

当时，我就向他反映比我更需要补助的一个同事的困难。

我没有去领这份补助。

"文革"之后的1979年，社会上传言要加工资了，为此大家都十分兴奋。我们的工资多少年没有动了，依然是区区几十块钱，过的依然是清苦的日子。这个传言如果是真实的，实在是大大的好事！

不久，校领导终于证实了，是要加工资了。但是，在传达加工资的会上，大家一听，心就凉下来了：根据文件精神，这次加工资的人只限于百分之二之内，也就是说，一百个教职员工之中，只有两人能加工资！

校领导也为此事大大地犯难了！给谁加呢？……校领导周密地研究后，决定采取民主投票办法来确定。

大家兴趣不大，但也要按决定办。于是，就以无记名方式投了票。

过了两三天，校长办公室通知我去办公室有事要谈。

我准时去了。

办公室主任看我进来了，就说："吴老师请坐，现在要给您说件事。加工资的事，经过全体教职员工民主投票，您是投票集中的一位。经校领导研究，决定给您加工资。"

我对此事完全没有思想准备，一时反应不及。

什么？给我加工资？加工资当然是好事，但是，大家都应加呀。

给百分之二的人加工资的事我当然知道，只是觉得不合适，所以未曾多想，更未曾盘算。现在真要落实了。不行！要加大家都加。

我迅速理清了思路。

我说："主任，加工资是好事，但是要大家一齐加才好。领导给我增大工作量，我能接受，但绝大多数的同事都不加工资，只有包括我在内，很少数的人加，我不能接受。这个钱拿着心里非常不舒服。"

主任说："可是，校领导已经做了这个决定了。"

我说："做了决定我也不要……坚决不要！……我有一个建议：你们是不是把在历次运动中，受到冲击、遭遇不公平待遇的同志的情况了解一下，看看其中有否降了工资的？如有，就利用这个机会，给他们补偿一些。"

后来,校领导果真采纳了我这个建议,把我这一份,一分为二,改为了两份,给遭遇过不公正待遇的两个职工加了工资。

我为此感到欣慰。

事后曾有同事为我不接受加薪而感到惋惜,说:“你要是接受了这份工资,以后每次加薪,都带有这个基数,你的工资总是高的。”

我说:“心里踏实就好,这最重要。”

……

当国内一些省份发生了重大的自然灾害时,如四川汶川大地震等,只要知道了,我就一定要捐款。因为我深知,那些地区广大的民众所遭受的巨大创伤和痛苦,是我们所难以想象到的,必须把温暖送到他们心中去。

有一次,一位同事找我借钱,可当时我也处于拮据之时。但我立刻爽快地答应了她,说待我回家去拿,然后给她送去。回家之后,我去找一个较富裕的老同学,找她借了如数的钱,立即送去了。我为什么这样做?因为我体会出两点:一是需要借钱,必是遇到了难以解决的困难;二是找你借钱,是信任你。为此,必当热情相助,不可推托。

……

1995 年 3 月,我校进行职称评定工作时,有一天,一位物理系的老师到我家来访。

他坐定之后说:“吴老师,我今天来拜访您,是为评职称的事。我在上次职称评定时,就申报了参评副教授,但未被通过。之后,我继续努力,今年我又申报了。您是评委,特请您予以关怀。”

接着，他从包里拿出一块手表，接着说：“这块手表是送给您的，请笑纳。”

我郑重地说：“你上次申报未被通过，对这次的职称评定十分看重，我能理解你的心情。在职称评定会上，我一定认真地了解你的教学、科研的成果。如果达到了副教授的标准，就一定会投票赞同的；如果还有些差距，就要继续努力。这和手表完全没有任何关系。请你把手表带回去，我是绝对不收的。”

这块手表在我们俩手上推来让去，他终于收回包内带回去了。

我把他送到楼下。

这位老师由于教学水平和科研成果都有提高，此次评审顺利通过。

……

从1991年以来，我陆续写了几本书，在出版社出版。按出版社的规定，都要按字数计算给作者付稿费的。我收到稿费后，都用其中大部分在出版社的发行处购买自己的书。其中有两本书，即《我多想对你说》《人生箴言悟语》各买了四百本。编辑得知后就打电话问我：“你为什么买这么多书？”我回答他说：“是为了送爱读书的人呀。我写书的目的，是为了给读者看的。”

……

1996年，我们创作的课本剧系列作品，获由国家教委颁发的全国师范院校基础教育改革实验研究项目优秀成果三等奖。我作为代表到北京去参加颁奖典礼，会后领到奖金5000元（当时这个数目不算少，因为我们这一级的每月工资才800多元）。回校之后，我把情况向校领导汇报了。校长说：“奖金由你根据参加创作的人员工作量的大小来分配。”

我想了一下，感到课本剧创作取得的成功和效益是最有意义的，尤其是能够在全国推广，更体现了创新的价值。这是最重要的。至于奖金的分配，能够皆大欢喜就最好。于是，我决定，从中取出1000元，宴请参与者及关心、支持这项创作的领导及有关同事，大家欢聚一堂，同庆获奖喜事。余下4000元平均分给参与创作和制作的王大友、王雨玉、韩新光、周玉亭和我，每人800元。

当时，韩新光已病逝。我就把800元奖金送到他的家里。其家属眼含热泪收下了。

……

2013年初，我们因为要离开天津，迁居去儿女处，要把现住房售出，以便在异地再购房居住。此事，我委托了“我爱我家”房屋中介公司代为办理。不久，一位叫石琳的女士及其家人，经过两次看房，就决定购买。于是，在中介公司的主持下，双方签订了买卖协议。协议书中，十分准确、清楚地写明了在买卖房屋全过程中，双方应遵守的法规和违约的处置等，买主石琳还按规定，交付了5万元定金。到此，买卖双方顺利达成协议。

协议书签订之后，我就忙着收拾物品，以保证在规定的时间交房。

一天下午，买主石琳及其家人突然造访，并且还带有两袋果品相送。我对此感到有些奇怪，但也热情地接待了他们。

石琳说：“今天我们登门拜访，实在有些无奈。我们原准备买下您的房子，因为这套房子地点、造型、环境都很好，价格也不高，我们为此很感满意。但是，我们原打算把现住房卖掉，再加上贷款来买您这套房子。可是因为我们的住房地点有些偏，到现在也卖不出去，眼看就要到交齐全部房款的日期了……借钱买也不行，一是没法一次借这么多的钱，二是还款也有困难。实在没有办法，只有不买了。可是，协议已签订……”

我一听就明白石琳的来意了。

我语气平缓地说：“你们来是不是要商量定金的事？”

石琳连忙接着说：“是……就是……能不能……”

我拦着她的话说：“看起来，你们确有困难，不要商量了，把5万元定金全退给你。”

石琳一听，十分意外，激动地说：“什么？5万元全退给我？……啊！我想不到，想不到啊！……阿姨，我对您说实话吧。原先，我觉得这事很难办，协议书上明明白白写着‘买主如违约，定金全部付给卖主’，我为此还专门去咨询律师。律师说：‘不好办，去和卖主商量一下，能退一点，就是很幸运的了。’……可您竟然这么干脆、痛快地把定金全退给了我……谢谢您！……谢谢！”

事后，“我爱我家”公司负责办理此事的三个小伙子陈进程、王洪亮、张东东一齐到我家，一进门三个人就抢着要说，小陈抢到了先：“啊呀！吴阿姨，您怎么把定金全退给石琳了？我们没有见过这样办的。她如果没完没了地求您，退给她1万，就很不错了，哪能这样痛快地全退给她了呢？您是怎么想的？跟我们说说。”

我说：“你们一定要知道我是怎么想的，我就说说吧。其实很简单，一是我判断石琳说的是实情，她家确有困难，不是耍滑，编造；二是他们是工薪阶层，储蓄了5万元，很不容易；三是我如果要了这个钱,心里很不舒服,是个精神负担。如此而已。”

三个人一听,小王说:“明白了……懂了……”

小张说:“您说的我们能理解,也很受感动。我们接着给您再找客户,一定尽快把房子顺利地卖出。”

从此,这三个小伙子就常常到我这儿来,谈完事情之后都不马上走,或畅所欲言和我谈谈心,想到什么就说什么,连交女朋友的事也要征求一下我的意见。或者到我的书房里看看书架上的书,我也先后送给他们几本。

直到现在,我已离开天津半年多了,他们还给我发电子邮件联系。

由此,我又多了三个忘年交。

……

由于我患有冠心病多年,所以定期去中心医院心内科看病。心内科门诊部有一位退休后又返聘的李彭文主任医师,他医德医道都很好,每周两次在门诊应诊,我常去他那儿看病。有一次,我又去看病,李大夫诊断之后,在电脑上给我开药单,告诉我药费需要300多元。我当时就拿出钱包一看,遂自言自语地小声说:“啊,差100元!”

不想让李大夫听到了,他随即从口袋里拿出100元说:“给你,拿去用吧。”

啊!大夫只管应诊,怎么会给患者垫付药费呢?……李大夫如此关心患者,我既惊奇又感动。接过钱之后,我就问李大夫的家庭地址,为了及时去还钱。可他却说:“快去拿药吧。”

我只好走了。回家之后,我一直想着这个事,心中十分不安。

到了晚上，我还在想着……一定要把钱尽快还上……突然，我想起来了。有一次，我去找李大夫看病时，随便聊了几句。他问我住在哪里，我随口说，住在华苑小区长华里。他跟着说，我也住在华苑小区，是日华里。

可门牌号我不知道，也找不到呀……我又想来想去……但我知道李大夫的电话号码，突然，我想出办法来了！

第二天早晨，我就去了日华里。进了大门，我就拨打了李大夫的电话，接电话的正是李大夫。我说："李大夫，我是吴亚芬。我已经到了您门口了，想拜访拜访您，您不会拒绝吧？"

李大夫停顿了一会儿，就把门牌号告诉我了。

原来他家离大门口还很远呢。

我就是用这个办法，把 100 元及时还给了李大夫，并一再致谢。

这时，我才心安。

……

有一次，我到附近的小超市去买些东西。付钱时，服务员找了一些钱，我未细看，拿着就走。但到了门口，我要把钱放回钱包，一看，他多找了 5 元钱。我又折回去，把多的 5 元钱退给了他。

他接过去时，连声说："谢谢、谢谢"。

不折回去退，也就过去了。但我绝不这样做，虽说 5 元钱不多，但我心里容不下。不属于我的钱，一分钱我也容不下。

……

人要一心想钱，便有了物欲，眼睛就不清亮了，也就看不见性灵的天光云影了。

钱,只有在知足的时候,才能给人带来快乐,不知足,就绝无快乐。

造成人类悲剧的缘由,细细追究起来,大多离不开钱,而这又是一种悲剧。

钱可以是财富,也可以是灾祸;钱能救人活命,也能送人入狱。这主要取决于掌握钱的人。

能用钱买到的是有价的,不能用钱买到的是无价的。一个人的一生,如果不曾失去那些不是用金钱买来的,而又是最珍贵的东西,他的一生就很有价值。

离钱远些,看得淡些,心里就踏实些。

第六章　终于实现了二十四年的夙愿

由于不断认知、不断努力、不断奋斗，就有了信仰。

信仰是对真理的坚信和认定，凝聚着志向、信念、目标、追求，是人的精神世界的核心和精髓。

信仰一旦形成，且经受了长期的磨砺，就会在心底生根。如此，就会成为前进的力量之源、智慧之本，就会是燃烧着的火焰，是澎湃的激情，是不变的进取心，是不灭的长明灯。

任何困难、艰险、压力、重挫都挡不住信仰的强大冲力，都抵不住实现夙愿的决心，都阻挡不了为前进而做出的积极行动。

……

我从1956年加入共青团之后，就申请入党，直到1980年6月14日被批准入党，先后长达24年。

这24年的漫长岁月，我怀着赤子之心，积极争取、不断努力、执着坚定、充满信心、从不停步。

回顾往昔，我深深地体会到，尽管初涉社会时，我和许多青年人一样，单纯、热情、上进、求知，也在生活实践中得到了一些磨炼，有明显的进步和提高，但是，自从申请入党之后，在原有的思想基础上，我的前进之路和认知水平，开始逐渐地显现出了质的提升，从而形成了坚定的信仰。那就是：我原先只是想做一个守规矩的好人，而后，却执着地要求自己争取做一个领导全国人民奋斗向前的先锋队——中国共产党中的一名先锋战士。

争取成为先锋队中的一名先锋战士，必须逐步树立崇高的奋斗目标，必须始终从严要求自己，必须在各个方面充分发挥先锋模范作用。要从自己各方面的表现中，稳定地、持久地、自觉地、高标准地体现出先锋战士的本色。

所以能产生这种质的提升，有以下两个缘由：

一、榜样的力量是无穷的

榜样的力量是无穷的。

一个积极争取做一个先锋战士的青年人，必须要自觉、积极地向榜样学习。

从十五岁踏入社会之后，我的身边总有一些党员以自己的高度自觉在工作、处事和待人等方面，闪现着先锋战士的光辉，时时、事事都在感染着、带动着、鼓励着我。

如前文提到的，我终生难忘，尊为导师和引路人的何翠华医生，她不仅只是关心我这个刚刚踏入社会，年仅十五岁的幼稚、迷茫的少年，而且对工作、对病人、为人处世等方面，都表现出先锋战士的风范。她在一次参与抢救危重患者的紧急时刻，连续十几个小时，分秒不停地治疗和看护病人的事迹，感动着全科的医护人员。

如我在第二机工部南京疗养院工作一年多所接触到的万副院长，他在战争时期火线入党。之后他从部队转业过来，只身来到疗养院。他以院为家，勤勤恳恳、兢兢业业，全身心地扑在工作上，勤奋、简朴、刻苦。在疗养院内，他以自己的模范行动带动着全院职工。在我被突然调动，离开南京时，他还特地来到我家，热情诚恳地开导我要顶住压力、艰苦奋斗，走出阴影，闯出新路。他的所作所为使我倍感亲切、深受鼓励、感动不已。

如我在高家庄疗养院工作时期，对我的遭遇深表同情，关切地开导我，使我深感温暖的甄护士长，他是个老党员。他以自己的模范行动带动着全院的护士，并使病房里的护理工作井然有序。他把病人视如亲人，关怀备至。有一个病人，因为家庭中发生纠纷，情绪受到沉重打击，她不吃不喝，对人不理不睬、拒绝治疗，终日躺在病床上不动。为劝导她，甄护士长日夜守护在她身旁。经过长达两天的劝说，病人终于恢复正常，而甄护士长却已经面色苍白，周身无力了。大家看他如此关怀病人，都十分敬佩。

再如大学时，和我同窗四年的同学中有十多位党员，他们给我留下了许多深刻的印象及难忘的感动。如温兰珍同学，她来自山西，入学前就已入党。她对同学十分体贴、温和，常常不动声色地帮助同学解决各种困扰和苦恼。我们和她的接触中，都感到很温暖、很亲近。她对我的申请入党，十分关心，常找我细细谈心，帮助我正确对待家庭出身，向我反复阐明“有成分论，不唯成分论，重在政治表现”的观点，并鼓励我消除顾虑，从严要求自己，使我受益匪浅。

毕业后，她开始和我们不在一个工作单位。两年后，被调到天津师范学校，就和我们四个同学在一起了。来到这里工作，她把过去的待人作风也带过来了。为此，很快赢得了许多同事的称赞。

有一件事，已经过去了五十年，可我依然刻骨铭心、经久难忘。

兰珍在市师工作了两年左右，不幸患了肺癌。虽经多方治疗，但仍然不愈，且多处扩散。在一天的晚上，她已处于半昏迷状态，家人要把她紧急送往医院抢救。当时，既无120急救站，也没有出租车，只能用担架抬着走。因为同住在教工宿舍，我闻讯立即赶来，在担架旁疾步跟着走，想同去医院守护。当担架抬出教工宿舍大门时，兰珍听到了我说话的声音，十分虚弱地说："亚芬，你还有孩子在家，他太小，必须有人照顾……你不要去了……"此时，我百感交集，兰珍病危了，不知道去医院会怎么样，在这样危急的时刻，她还只想着他人。

我一边跟着走一边说："没事，没事……"

她更虚弱了："回去吧……回……不然……我……就……不……"

万般无奈之下，我只好回去了。

我一夜无眠，天一亮，就连忙去她家询问，还没到门口，就听到了哭声……

兰珍已故。她的家人告诉我，兰珍在担架上对我说的话，是她生前最后所说的。此后就昏迷不醒，直到停止呼吸。

我顿时大哭……我为失去了一个优秀的同窗而哭……也为她感人肺腑的"最后的话"而哭。

在弥留之际最后的话，不是说自己的病，也不是对家人的嘱咐，而是关心他人、惦念孩子。

如此金光闪闪、博大宽广的胸怀，怎能不让人钦佩？

党员的事迹触动了我的心怀，激发了我的信心，加速了我在认知上质的提升。

二、优秀书刊激励着我

优秀书刊的精神力量是极其强烈的。

每一个要求上进、确定了要争取做一个先锋战士的青年，必须读书。

书是个斑斓世界。书能使人胸襟宽阔，能给人以睿智，能净化灵魂，能传播人生真谛。尤其是描写奋斗目标明确，在艰难、残酷中顽强拼搏，久经考验、意志如钢的先锋战士的优秀事迹的好书，更应当常读、细读、反复读，以他们为榜样，为引路人，读到心里去，化为自己的精神信念。

青年人的天性是求知和上进，我也是如此，而且，尤其是我在少年时代就失学，所以更酷爱读书。20 世纪 50 年代期间，在全国范围内，青年人中间广泛地传看着几本优秀图书，形成了经久不衰的读书热潮。例如《钢铁是怎样炼成的》《青春之歌》《卓雅和舒拉的故事》《把一切献给党》等等。我也被这种热潮深深吸引，如饥似渴、手不释卷地反复阅读这些书。这使我在提高政治热情、坚定信仰，增强行动的自觉性等方面都获益匪浅。

此外，我还常常读全国发行的刊物《中国青年》，其中许多篇目，给我留下了十分深刻的记忆。

我阅读的好书中，受益最多、感受最深、最难忘的书，有以下四部：

1. 由尼古拉·奥斯特洛夫斯基所写的自传性的长篇小说《钢铁是怎样炼成的》。

小说的主人公保尔·柯察金就是作者尼古拉·奥斯特洛夫

斯基的化身。他是一个具有钢铁意志、无比坚强的先锋战士。

保尔之所以能成为一个顶天立地的英雄,是由于他在战火纷飞的战场上,面对生死考验,英勇参战、不怕牺牲。在繁重艰苦的建设工地上,面对常人难以忍受的劳动强度过大和饥寒交迫,他没有倒下。在双目失明、疾病缠身,加之书稿丢失的重重打击之下,他没有屈服。终于从一个贫苦的少年,成长为具有崇高理想、高尚品格、顽强坚定的共产主义战士。

一个人只有在革命的艰难困苦中战胜自己,只有把自己的追求和祖国人民的利益联系在一起时,才会创造奇迹,才会成为钢铁战士。

革命者在斗争中百炼成钢。保尔·柯察金就是一个范例、一个写照、一个楷模。

尼古拉·奥斯特洛夫斯基留下的传世名言,我牢牢地记在心里:“人生最美好的,就是在你停止生存时,也还能以你所创造的一切为人们服务。

“人最宝贵的是生命。生命属于每个人只有一次。人的一生应当这样度过:回忆往事,他不会因为虚度年华而悔恨,也不会因为生活庸俗而羞愧。临死的时候,他能说:‘我的整个生命和全部精力,都献给了世界上最壮丽的事业——为解放全人类而斗争!’”

在反复细读《钢铁是怎样炼成的》一书,或品味这本书时,我常常会浮想联翩。保尔·柯察金所处的恶劣、艰难的环境,为他的成长制造了极其困难的阻力,使他举步维艰,他尚且不畏艰险、勇往直前。而我们所处的社会环境,比起他来,可谓是截然不同的两重天了。我们的成长有指引、有推动、有榜样,只要自身不断努力，坚持前进，就必然会有成效、就必然会逐步提高。为此，我的前进信心更足了，步伐迈得更快了。

《钢铁是怎样炼成的》一书，我保存至今，珍爱无比。

2. 由杨沫所写的《青春之歌》。

《青春之歌》在当代文学史上，是第一部描写学生运动，塑造革命知识分子形象的优秀长篇小说。

小说的主人公林道静是一个从小资产阶级的知识分子成长为无产阶级革命战士的典型形象。她的成长是那个时代广大知识分子在曲折艰难的道路上奋勇向前，成为一个具有崇高的无产阶级意志和旺盛的革命热情的青年革命者的代表。

林道静在苦难的历程中，经受了火的洗礼，逐渐坚强、成熟。她坚守着一种理想、一种信念、一种精神。

书中的林道静性格鲜明、血肉丰满、栩栩如生，她周身流动着青春的热血、放射着青春色彩，以特有的魅力，经历了历史的淘洗，感染着数代青年。

我读《青春之歌》一书，所留下的深刻印象，是她的韧性和不屈。开始，她也带有一些小资产阶级知识分子的狂热和软弱，但在经受了火热斗争的考验和锤炼后，她练就了一身的钢筋铁骨，认定了奋斗目标，坚韧不拔、毫不动摇地走下去。

而且，因为同是知识分子，我还有一种特殊的亲近感。

《青春之歌》一书，我也保存至今，珍爱无比。

3. 由苏联作家柳·科斯莫杰米扬斯卡娅所写的《卓娅和舒拉的故事》。

书中所写的是真人真事。主人公卓娅和舒拉是姐弟，作者是他们的母亲。书的内容是写 1941 年苏联的卫国战争，卓娅和舒拉都在艰苦卓绝的祖国保卫战中献出了生命。

卓娅在卫国战争中，参加了游击队，在残酷的战斗中，她奋勇作战。在一次战斗中，她不幸被德国法西斯逮捕，坚强的卓娅经受住了种种非人的折磨，没有泄露游击队的任何机密，最后，残酷的敌人绞死了卓娅。

舒拉加入了卫国部队。他驾驶着坦克奔赴前线和战友们一起英勇杀敌。在战斗中，他镇定勇敢、冲锋陷阵、屡建战功，先后荣获一级金质勋章和红旗勋章。最后，在 1945 年 4 月 2 日，苏联卫国战争胜利前夕，舒拉在攻打哥尼斯堡的战斗中英勇牺牲。

《卓娅和舒拉的故事》虽然是外国文学，但是我读来同样深深为之感动和振奋，卓娅和舒拉十分年轻，但在激烈、残酷的战斗中，却表现得无比顽强、无畏。这种忠心赤胆是十分可贵和难得的。这对生活在和平环境中的我们，是极有教育意义的。对祖国、对社会、对事业，我们同样要有忠心赤胆。

4. 由吴运铎所写的自传体小说《把一切献给党》。

《把一切献给党》写的是一个普通工人成长为无产阶级先锋战士的感人故事。在 20 世纪 50 年代，这本书在社会上广泛流传、脍炙人口，成了鼓舞青年人奋发向上的教科书。

这本书的主要人物就是作者吴运铎，他是中国抗日战争时期新四军革命根据地兵工事业的开拓者，是新中国第一代工人作家。

吴运铎的童年是在苦难中度过的，他饱尝了艰难困苦、风霜雨雪，这在他的心中生发了革命的火种。成年后，他成了一名煤矿工人。抗日战争爆发，给了他一个全新的生活理想，使他懂得了处于被压迫的缘由，认清了只有革命才是唯一的出路。于是，他毅然投奔了新四军,开始参与兵工事业。自此,他的一生就与枪炮制造紧密相连。

制造枪炮既艰苦又危险,而吴运铎却无所畏惧、不怕牺牲,刻苦研制各类武器。他三次身负重伤,做过二十多次手术。手指被炸掉四只,失去左眼和左手,左腿致残,左膝盖被炸开碗口大的血口,全身留下了一百余处伤口,身上存有几十片弹片未被取出。虽然满身负伤、片片伤痕,但却丝毫未挫伤他的坚定意志和奋战精神,他仍然坚持战斗在兵工事业的第一线。

吴运铎为党的兵工事业献出了火红的青春,抛洒了满腔的热血!

为此,吴运铎被誉为“中国的保尔·柯察金”。

我反复读过这本育人的教科书。被吴运铎的崇高精神和坚定意志所深深感动,并激励我不断前进。

三、在重压之下坚守信念

基于长期坚持向榜样学习和读好书,无论从认知和行动、表现等方面,我都有显著的变化和进步。这期间,虽然申请入党已有十几年了,但我一直认为党员的条件很高,自己还有很大的差距,仍需要继续努力,所以,情绪很平稳。

可是,“文化大革命”爆发以后,随着“左”倾思潮的日益扩散,以“唯成分论”“血统论”——把家庭出身当作评定一个人的唯一标准的荒谬观点广泛散布,我面临着巨大而深重的压力。在一些人看来,我无论怎样努力,如何奋进,都是不可能入党的。1974 年 7 月的一天,有一个担任党务工作的同事悄悄地告诉我说校党委为我的入党问题几次上报上级党委,但都被否决,而且还明确表示,这样出身的人,怎么努力也不行。尽管如此,在我的内心深处,十多年以来所凝聚的申请入党的热情、信念却毫不减退和动摇,而且,在这个难以减轻的重大压力之下,我竭力保持平衡的心理。因为我深知这是人格升华和心灵净化后的崇高境界,是远见和睿智的结晶。我坚信,只要自己不停地努力再努力,是可以逐步达到党员标准的。

1975 年 4 月的一天,组织部召开了一次申请入党者的心得交流会,安排我在会上谈自己申请入党过程中的体会。

在交流心得会上发言,不仅只是讲讲而已,而是一种郑重的表态。所以,会前,我反复考虑如何表示自己的态度。

鉴于当时"左"倾思潮的影响仍然广泛而深重,虽然我内心深处对申请入党满怀信心,但不能不面对现实。为此,我确定了自己发言的主要内容和题目。

我发言的题目是"一辈子坚持申请入党"。其中,我说了如下一段话:

"我申请入党已经十九年了。十九年以来,虽然我一直在不停地努力,但是,党员的标准很高,我还有一些差距,需要再努力。尤其是我的家庭出身很不好,需要长时间深刻地认识,从根本上与之划清界限,彻底决裂。为此,我决心一辈子申请入党,一辈子不断努力……"

说到此处,我激情满怀。停顿了一会儿,我继续说下去:

"是的,我一定一辈子努力再努力……在我告别人生之后……我……我恳请党组织……根据我一生的表现,讨论我入党的申请……如果认为我达到了党员标准,能够批准我的要求,成为一名光荣的共产党员，得知这个喜讯时……我……我会含笑于九泉之下的……”

说到此处时，我已声泪俱下了。参加此会的一些同事也激动得流下了眼泪。

在会议结束时，我的老同学、挚友，也是学生时代就已入党的老党员贾文丽走了过来，紧紧地拉着我的手，郑重而诚挚地说：“亚芬，继续努力，你一定会实现自己十九年的夙愿！我愿做你的入党介绍人！”

这句话所显露的信任和许诺重如千钧。

这句话所蕴含的炽热情感直通心田，深达肺腑。

文丽的鼓励使我激动万分，我一时不知用什么话来表达自己的心情，只是含着眼泪，用力握着她的手，连连摇动说：“文丽，谢谢你！谢谢你！”

周围的同事也纷纷鼓励我。

这个场景及文丽的话，直到现在，已经三十多年了，我依然历历在目，经久难忘。

我将久远地铭刻于心。

四、终生不忘的那一天

1980 年 6 月 14 日，我迎来了人生道路上最重要的一天。

在这一天，中文系党支部召开党员大会，讨论、审查我的入党问题。

会议气氛庄严而郑重。

在支部书记宣布大会议题之后，要我谈自己的认识。

我竭力控制自己振奋、激动的情绪，站了起来。但刚一开口，还是禁不住泪流满面。看着大家期待的目光，我逐渐平静了下来，按照事先准备的内容发了言。我在回顾自己坚持二十四年积极申请入党的艰难历程中，主要谈了三个正确对待——正确对待家庭出身、正确对待自己、正确对待党组织。同时，也表示了要端正入党动机，坚定入党信心和决心，努力再努力，用实际行动争取入党。

接着，入党介绍人贾文丽、牛玉明分别介绍了我各方面的情况和表现。

天津师专 1980.6.

中文系教师吴亚芬同志入党

中文系教工党支部，于本月十四日，召开党员大会，严肃认真地审查了吴亚芬同志的家庭出身和个人表现，同意发展她入党。

吴亚芬同志，忠诚党的教育事业，对工作兢兢业业，认真负责，善于作政治思想工作，在班主任工作中取得了突出成绩，曾多次被评为区、校级先进教师。她作风朴实，实事求事，团结同志，热心为群众服务，数十年来，坚持靠拢组织，申请入党。经过讨论，全体党员一致认为她基本符合党员条件。

会上吴亚芬同志满含热泪回顾了艰难曲折的世界观改造历程，深刻体会到在申请入党的过程中一定要做到三个正确对待——正确对待家庭出身，正确对待自己，正确对待组织，不断端正入党动机，坚定入党的决心和信心，用实际行动争取思想入党。

“发展一个，影响一片”，吴亚芬同志入党在中文系师生中引起极大反响，会上申请入党的同志，心情激动，纷纷要求发言，特别是中老年教师从亚芬的入党找到了榜样，增强了信心，鼓午了斗志，更加坚信“有成份论，不唯成份论，重在政治表现”的党的政策。有的同志说，长期以来，发展家庭有严重政历问题的同志入党一直是个“禁区”，不少迫切要求入党的有志之士往往因为家庭有这样那样的问题，被反复考验，拒之于党的大门之外。今天，以华主席为首的党中央在党的建设上拨乱反正，我们一定要向亚芬那样用实际行动，争取早日成为一名光荣的共产党员。（中文党支部）

《天津师专》校报报道我入党一文

再接着，就是全体党员审查和表决。

最后，经过讨论和审查，全体党员一致认为我基本符合党员条件，同意我加入党组织，并做了同意的表决。

1980 年 7 月 1 日，在纪念党成立五十九周年这一天，我和赖建明、张耕三个新入党的预备党员在学校大礼堂里举行入党宣誓。

我们三人走到台上并排站立，面向鲜红的党旗，举起右手就要宣誓。当时，我极度兴奋、激动的心情，是任何语言都难以表达的。我几乎能听到自己的心在怦怦地跳动着，也能感觉到自己脸颊的火热……

在领誓人领读下，我们三人响亮地读着誓词：

“我志愿加入中国共产党，拥护党的纲领，遵守党的章程，履行党员义务，执行党的决定，严守党的纪律，保守党的秘密，对党忠诚、积极工作，为共产主义奋斗终生，随时准备为党和人民牺牲一切，永不叛党。”

我进了党的大门，我投入了党的怀抱，我成为一名共产党员，我成为一名先锋战士！

我的人生道路又踏上了新的历程！

在人生道路新的历程中，我决不会辜负党的教导，我还要继续努力。

第七章　离多聚少而心心相连的婚恋史

在一个人的一生中，婚恋会伴随着大半生。所以，自古以来，人们都把婚姻称为“大事”。

美满婚姻的基石是爱情。

爱情恒定的内核是真情。

爱情就是两个人手与手相牵，心与心相连，相依相靠，相扶相携，不厌不倦，不离不弃。

相爱要有默契、共鸣、呼应、渗透，要有理智的辉映、思想的交流、生活的融合。

爱无须发誓，只需心灵的感应和许诺。心灵的感应和许诺是一根无形但却拉不断的纤绳。

维系恋人或夫妻情感的最重要、最可靠、最稳定的因素是人品。

一、一瓶辣椒酱挽回了情缘

1954年我从南京被突然调至偏僻小山村高家庄，遭遇了一次极其沉重的打击，随之而来的是初恋的重创。面对这些遭遇，一个不足二十岁的女孩，是很难应对的，所以，对感情方面的事，我漠然视之。到高家庄疗养院不久，曾有一个化验员——一个出色的年轻人，向我表示好感，而我却丝毫未加注意，不为所动。

有一天，我去收发室拿报纸，李师傅拿着一封信对我说：“亚芬，这是寄给你的信，拿走吧。”

我说了声：“谢谢！”

我以为是家里来的信，随手拿了过来，看也未看，就装在口袋里走了。

回到办公室，把该处理的事处理完了，才把那封信拿出来看。我先看了一下信封，才发现这不是家里来的信，而是一封万里之外的远方来信。

远方来信，是指来自福建某部队的一个现役军人的来信。这位现役军人叫周劼。

之后，我就不断地收到远方的来信，我也常回信。在不知不觉之中，引出了一段情缘。

我们两家是世交，沾亲带故。在抗日战争取胜后，我当时九岁，随全家一起来到故乡安徽宿县，而他们家就在当地久居，于是两家就密切交往、常常相聚，所以我和他就相识了。妈妈要我称他为宁哥哥，因为他的小名叫宁生。

他当时十一岁。由于男孩喜欢踢球打弹子，女孩爱跳绳、过家家，所以玩不到一起，两人接触很少。1949 年，我们全家到了南京，由此，两家就中断了联系。

1950 年 5 月的一天，我在南京白下路上无意中发现一个穿着军服，左臂上挎着一条白色的绷带的军人，迎面走来。我抬眼一看，竟然是两年多未见的周劼。

我惊奇地问道：“周劼？你怎么也在南京！……为什么穿着军服？……手臂怎么啦？……”

一连串的疑问，把他也搞得有些紧张。

“啊！……是亚芬！……你们走了之后，我们也离开了宿县，去了上海。我在上海参军了，然后就来到南京军事政治大学学习。在一次训练中，不小心左臂骨折了，被送到南京军区医院治疗、养伤，所以现在我就在南京。”

听他这样一说，我就全明白了。接着我就把他领到了家。妈妈、兄弟姐妹和他都见了面。因为他是伤员，我们对他都很关心、照顾。

不久他就出院去福建的部队服役了。临走时我们双方都留下了通讯地址。

1954 年我离开了南京，到了山西长治高家庄。在这两年多时间，我们没有联系。

上述的“有一天，收发室的李师傅给了我一封信”就把我和周劼联系起来了。

收到周劼第一封来信时，正是我被“突变”的重创压得透不过气，想要摆脱而又力量不足的时候。

我坐了下来，仔细地看了这封来信。信的内容大致有这样几点：一是从我妈妈处，他知道了我被突然而无理地调到偏僻的小山村，从而判断出我现在一定很苦恼；二是产生苦恼是可以理解的，但应尽快地摆脱出来；三是提出几点摆脱苦恼的建议。如苦恼有两重性，其中之一就是以积极态度去深化认识，把它看作是一种磨炼，就可从中汲取力量。再如多和同事们交流，从客观上寻求帮助。

信不太长，可语重心长、情真意切。当时，我读这封信犹如沐浴在阳光里，犹如被春风所吹拂，心里涌出阵阵暖流。

我想不到他会给我来信，可这封信又来得这么及时，我被感动了，流下了眼泪。

我情不自禁，立刻给他写了回信。信中，把我积压在心头的苦，全都吐了出来，请求他的帮助。

就这样，我们开始通信了。

我把他看成哥哥和朋友。无论是苦恼、沉闷，或者是喜悦，我都把心里话一一写下来寄给他看。他也确实像一个哥哥和朋友一样，百般呵护我。有了他的相助，我在高家庄疗养院的精神面貌和各方面的表现都发生了明显的变化，许多同事都夸我，情绪稳定了，进步也很快。由此，我就越来越深切地感觉到他是我不可缺少的精神依靠，是推动我在前进道路上不停地走下去的一股力量。

就这样，我们一直不断地通着信。十封……十五封……二十封……鸿雁传书，虽然听不到声音，见不到面，但两颗心却越来越贴得近了。

这个时候，原来在我心里隐隐约约感觉到的情丝越来越浓烈了，我的情感在飞速地变化着。我从他信中的字里行间里，也能品味出别样的情愫。此时，恋情已在我们心中根深叶茂，我们已经是心心相印了。可是，谁也没有表白。

1956 年，我把考上了大学这个喜讯传给他时，他已经从部队复员了，被保送到南京地质学校读书。

入学后的第一个寒假，我回家了。在南京，相隔五年之后我们又见了面。

在这之前，我们在不断通信的一年多期间，虽然彼此已经感到十分相知、相通，但除了朋友之情外，都未曾有过任何表露。

在南京第一次见面，是在我的家里。

和妈妈及兄弟姐妹们相聚时,嘻嘻哈哈、热热闹闹之中,我们没有机会多说话。晚饭之后,我送他回校。

开始,我们默默无语。可在走到一个路灯的下面时,我们不由得停步了,可还是无语。我们不由自主地对视着……当时,我强烈地感到内心深处像有一团火在炽热地燃烧着,我从他的炯炯目光里,也感到热度灼人。

我们紧紧地相拥在一起。

一切都在不言中。

这就是一种表白。

……

寒假时间不长,可我们把积攒了一年多的话,几乎都讲完了。大大地补足了只能通信,而听不到声音,见不了面的缺憾。我们的相处十分融洽、和谐、火热。

我回校时,他到火车站送我。当我们正在畅谈时,只听到火车一声长鸣,我心里像有一股冷气突然扑来一样,刺痛难耐……

就要离别了吗?这怎么行?当时,我感到万分惆怅和无奈!

离别竟是如此地痛苦!

两个人能够相依相伴,总在一起多好!

读大学的四年间,我们仍然是鸿雁传书,只在寒暑假才能见见面。

在读二年级时,有一天,我的同学杨妍找到了我。

她说:“和你说件事。”

我漫不经心地随口说:“什么事?说吧。”

她说:“你和三年级的学长王德永很熟吧?”

我说:“对,很熟。他是学生会主席,我是系委会的体育委员,常常在一起商量开展活动的事。”

她说:“他最近常常晚上自己到餐馆里去喝闷酒。”

我很奇怪:“喝闷酒?为什么?”

她说:“为了你呀。”

她的话使我莫名其妙:“为了我?怎么回事?”

她叹了一口气说:“唉!他恋上你了。他心里有了你,可又不好意思明言,为此很苦恼。我和他是中学同学,是老校友。他昨天找到了我,要我和你说说。你想想,看怎么办。”

啊,是这样。平时,我很敬重这位学长,相处也好,没想到他会有这个想法。

我坦率地说:“实话对你说吧,我已经有男朋友了。”

我把和周劼的交往情况对她说了说。迟疑了一会儿,我对她说:“为了不使学长受刺激,我去找他谈谈,好吗?”

她点了点头说:“好。我给你们约时间。”

次日傍晚,我和王德永相约在校园里见了面,随后在一把长椅上坐了下来。

我首先说:“老大哥,你好!”

他点头答应。

我接着说:“杨妍把情况对我说了。我实在很抱歉,请你原谅。我的情况杨妍一定告诉了你,可你千万不要苦恼。你为学生会的工作忙忙碌碌,大家都很敬重你。……以后……以后你一定会幸福美满的……会的……只要有机会,我也一定会帮忙的……我们要成为好朋友……”

他连连点头称是。

后来,毕业时,他留校任教。

再后来，听说他成了家，婚姻美满幸福。

三年级时，有一天下午，我在运动场上锻炼。同是一个运动队的一位历史系的同学，对我说，他们班的一个男生过去也曾是运动队的成员，和我也曾有过接触，对我有好感，希望和我交往。

我听她说完后，就告诉她，我已经有了男朋友，不可以和这位男生交往，并请她转告他，我对他表示道歉。

既然相爱了，就应当心无旁骛、就应当忠贞不渝。

我这样认为，也这样做。

……

临近毕业了。

几年来，由于我们总是离多聚少，备受思念之苦，由此，就使我内心深处产生了一种强烈的渴望，即能聚多离少。

我毕业之后，被分配到天津师范学校工作，工作和生活环境都很稳定，而周劼却和我大大不同，他被分配到河北省的一个地质队工作，没有固定地址，长年在野外工作，流动性很大。

我们的反差很大。

虽然我知道在地质部门任职的人，工作流动性大，但是，由于没有身临其境的感受，所以，精神准备不足，总是一厢情愿地怀着聚多离少的愿望。

1961年暑期，我去了周劼所在的地质队去看望他。一路上，许多预计不到的情景，给我心里留下了一个阴影。

当时，他们地质队的地址是河北省迁西县的一个村庄（时间久远，这个村庄的名字想不起来了）。此处不通火车，我先坐了一段火车，又改乘汽车才到县城。由此，不太远的路程，我用了整整两天。而这个小村庄没有长途汽车站，为此我又得从汽车上下来,改坐农村载人的小马车,这样转来转去,又用去了一天。到第三天的傍晚,我才到达了地质队所在的地方。

由于地质队是流动单位,他们没有固定的住处,外来的人更没有招待所之类的设置,只好临时租用村民的房子住下。我住的那间小屋,只有一个土炕,而且光线很暗(到了这间屋子,进去一看,就使我依稀回忆起当初去高家庄途中的经历。心中不免有些苦涩之感)。

此外,因为地质队流动性很大,常常搬来搬去,所以,生活条件也较差,没有正规的食堂。

我的到来,虽然又使我们重温了恋情的温馨和甜美,可是我的心情由于受到上述的种种不利的客观条件的影响,变得有些复杂。

此后,我们依然是鸿雁传书。可是,我去了一次地质队回来后,和在学生时代相比,想法就不那么单纯了。

比如我的同学或同事近年常有结婚的。看到他们隆重而热烈地举办婚礼,搬进新房,我不免下意识地联想到:我呢?我何时办婚礼?我在哪里安家?

一想到这些实际问题,我脑海里就会出现一个一个困惑不解的疑虑。我甚至十分细致地设想:地质队那样的环境,是不可能安家的。那么,只能靠他每年20天的探亲假回来见一面,即使在我这里安了家,除了这短暂的20天之外,漫长的345天,不是要守空房吗?再者,如果要有了孩子呢?不就得由我自己管着吗?一个人又要工作,又要带孩子,忙得过来吗?如果再有第二个孩子呢?怎么办?我想来想去,心乱如麻,实在不能再想下去了!

再比如,我们的专业之间差距很大。在学生时代,由于年轻,加上还有些罗曼蒂克的味道,谈话内容很宽泛,不觉得专业不同有什么交流障碍。而工作以后就不同了,尤其是我,学中文教中文,而且是教古典文学,整天钻研的是“之乎者也”之类的古文,专业性很强,不容易有共同语言。有一件事情,至今我还十分清晰地记得:1961 年年底,他回来探亲,走进我的宿舍,正巧,我的书架正放在门口。他随手翻了书架上的几本古汉语方面的书,无话可说地坐了下来。而我从小学习就偏重文科,对他那些地质、测量等等的专业书,毫无兴趣。

因此,我们的话题就受到了明显的限制。

因为在我们之间存在着上述客观上的局限和认识上的差距,感情上开始有些变化了。

应该承认,我出现的问题是主要的,这就是说,我对我们以后的发展有些动摇了。再加上我们各自的工作都十分繁忙,通信的频率也缓慢了。有时,我甚至都感到乏善可陈了。

到了 1962 年 1 月,我们之间出现了危机。这些都是由我引起的。

客观上的限制和感情上的变化和动摇,对我触动很大,也促使我反复考虑和斟酌。经过一段较长时间的沉默,我犹豫再三,终于鼓起勇气,给他写了一封含义十分明确的信,也就是说,我向他提出了可否分手,改变我们现今的关系,依然像从前一样,兄妹、朋友相称。

信发出以后,我心里一直忐忑不安。他会怎样答复我?他会责备我吗?他会不同意吗?

我终于等到了他的回信。我紧张地,甚至双手发抖地拆开了他的信。

他的信上写道:“你的信收到了。我设身处地替你想了想,确实,你工作和居住地都很稳定,如果和我结合,会长期分居,这会给你带来很多困难。而我热爱本职工作,决心终身从事地质工作,又不可能改行,所以我同意分手。我祝你今后能过上美满幸福的生活,我对你的感情永存心中。”

看完这封信,我的心全乱了。他同意分手了,可为什么毫无责备之意呢?他为什么不为自己想想呢?我既然提出了分手,这说明在感情上已经发生了变化,可他为什么还表示“我对你的感情永存心中”呢?

我是被感动了?还是后悔了?还是在自责?或者是仍坚持分手?各种思绪混杂在一起,我搞不清楚了……

当时,我的情绪几乎失控了。在不知不觉中,我恍恍惚惚地走出宿舍的门,不辨方向地往校园深处走去,不知道走了多少圈,见身边有把长排靠椅,我就坐了下来。

渐渐地,我的思绪不再混杂难辨了,而是集中思路到“永存心中”这个点上。我从“永存心中”里体味出一个“真”字。他对我是真心,是真情,可我怎能对此不经意呢?

而我又在想:客观上的局限,我能突破吗?还是在矛盾、徘徊……

那时,已经是深夜了。

在我仍处于沉思默想之中时,就听到身后有脚步声音,回头一看,忽然发现室友雅凤和大师姐刘晓霞站在我的身边。

她们一看见我独自坐在长椅上,就靠了过来。

刘大姐按着我的肩膀摇晃着说:“哎呀!我们可找到你了!

太好了!”

雅凤说:“都大半夜了,你不在宿舍,我们不知道你发生了什么事,都急死了!”

刘大姐又接着说:“情急之中,我们看到了你的床下扔着一封信。为了搞清发生了什么事,就破例看了看。原来是周劼和你之间发生了矛盾,我们怕你有什么闪失,不放心,就出来找你。”

雅凤说:“我们跑了许多路,找来找去,总算找到你了,也就放心了!”

她们如此地关照我,使我心里暖暖的。我站起来说:“回宿舍吧,太晚了。”

她们一边一个拉着我的手一起往回走。

雅凤说:“我感觉周劼这个人非常笃实。”

刘大姐说:“是,我也这样想。不仅踏实,还很诚挚。”

我没有说话。但我认为她们说得对。

我没有给他回信,因为我做不出毅然的决定。

我们也没有见面。

春节过去了,寒假就要结束,我正在做着开学的准备。

有一天中午,我回宿舍。宿舍无人,门是锁着的,我走到门口正要开门的时候,看见门下放着一个玻璃瓶,瓶下还压着一张纸条。我十分奇怪,于是低下头拿起了那个玻璃瓶和纸条。

我先看了那张纸条。上面简单写了几个字:“春节期间我回家了,这是我带来的一瓶自家做的辣椒酱。送给你。你是最爱吃辣椒的,尝尝吧。”

我再看看那瓶辣椒酱,左看、右看,我的心里像一锅沸腾的热开水一样翻滚着。我紧紧地捧着这瓶辣椒酱大哭起来。

这哪里只是一瓶辣椒酱啊！这是一颗滚烫的、炽热的心，是心灵深处储存的挚爱，是纯净的情怀。

辣椒酱岂止是辣，更主要的是甜美，它含着蜜啊！

这一切，都源自一个“真”字，而“真”最纯、最美、最挚，是灵魂中的珍宝，是幸福的种子 。

真情可以矫正一切误差，真情可以破除一切客观上的障碍。

我产生了强烈的心灵感应，我为自己未能深透地领会这份真情而自愧，我辜负了他的真情啊。

走进宿舍，我就立刻提笔给他写信。千言万语归结成一句话，那就是：向他表示了重归于好的心愿。

在那之后，我们又像两年以前那样鸿雁传书，不过，比过去要亲密、浓烈得多。

1962 年 4 月，他们地质队发生了一件意想不到，而且使全队成员的利益遭到重创的大事，即：全队解散，队员下放，各回各家，自谋出路。

我听后大吃一惊，地质队是事业单位，怎么会解散、下放呢？而且他要回的是农村呀（他们全家过去一直生活在城市，但因为他父亲新中国成立前当过法官，有历史问题。1958 年被遣送到原籍安徽定远池河镇。他父亲有残疾，无法下地种田，就靠他和已参加工作的大妹妹赡养）。他从来没有种过地，现在要回乡务农，如何支撑全家的生活啊！

接着我就问，是什么原因造成了这个恶果？

他也说不明白，只说领导含糊其辞，只简单提了一下是地质队全面超编云云。

面对这个现实，我该怎么办?!

这件事的后果是很严重的，我必须面对，必须正视。

这是考验我的时候啊!

此时，我的脑子没有乱。我想到的是：我们已相恋七年，其间虽有些波折，但经过磨合、交流，已经相知相通、情深意笃，矢情不渝了。

二人相伴，要经风经雨、跋山涉水、患难与共。他如今正处于最困难的时期，我要雪中送炭，和他同舟共济。所以，我决定立即和他去领结婚证。

他一听此话，既意外又惊诧。

他急忙说："这怎么可以?! ……我……我现在什么都没有了，怎么能结婚成家呢? 再说，这不是太委屈了你吗? 不行，不行!"

我坚定地说："这不是水到渠成、顺理成章的事吗? 就这样定了! 明天就去登记!"

就这样，1962 年 4 月 28 日，我们一起去民政局办理了结婚登记，领到了结婚证。

二、半间草屋做新房

很快就到暑假了，我们准备在这期间结婚。一想到要结婚，一些具体问题就需要面对。首先是住在什么地方。

他父母到池河镇之后，长期住在一间破旧的小茅草房子里，他回去后，就和他父母挤在一起。从现状来看，是没有办法解决的。

再说，从传统习俗来看，结婚是一辈子的一件大喜事，家家都要大操大办。可我们呢？身处困境，是不具备条件去操办的。

据他来信对我说，为了此事，把他父母急坏了！而我对此事却没有放在心上，更不为此而忧虑。

因为，我觉得这些都只是形式上的事，不足挂齿。而我历来对大操大办婚事也很反感。于是我为此事写信向他表示：

一是采取两处掩饰的做法，不操办婚礼。即我对学校的同事们说，婚事回家办，而在家里对亲友们说，婚事已在天津办过了；二是随便租间房子，能住就行。

就这样，1962 年 8 月 2 号，我就回安徽定远县池河镇结婚了。

我中午一到，周劼就告诉我租了一间房子，我们就一起去看了。那是茅草房，开门进去一看，这哪里是一间屋啊！连安装门的那一面墙一起算，也只有三面墙，充其量也只能算半间屋。那无墙的一面，直对着十多米的空地（够不上称院子）。好在空地周围都是别家的墙，无人出入，周围还比较安静。

这半间屋里只有一张旧木板床，别的什么都没有。

看到这些，一刹那，我心里有一丝苦涩。这就是结婚的新房吗？但此念迅速就消失了，原本我不是已经表态不讲究形式吗？

而周劼却一脸的沉重。我们俩坐在床上，沉默了一阵。

他说："我实在对不起你，让你住这样差的房子，哪里像是结婚啊！"

我轻快地说："半间草屋做新房，就当是别具一格吧。"

他仍然是忧心忡忡："这叫别人怎么看呢？"

我说："别人是别人，我们是我们。只要我们高兴、舒坦就行。你看咱们这些年都是聚少离多,现在结了婚,成了家,一起在这儿相聚,不是很好吗？再者,与相爱的人同受艰难,共渡逆境,不是能体现出真情的升华吗?”

接着,我们默默无语,相互对视。只见他的眼里含着泪,激动地紧紧拥抱着我说:“好……好！你说得对……说得对!”

晚饭之后,我们拿了洗干净的被褥和两个小凳子及其他一些生活用品去了小草屋。整理了一下,觉得可以住下了,就携手出门,一起漫步到了河边走走聊聊,不知不觉,就到了9点多了。

他说:“已经很晚了,咱们回去吧。”

我强调地说:“是回新房。”

他无奈地苦笑着。

到了半间草屋,他开开门,我们走了进去。屋里没有电灯,连油灯、蜡烛都没有。

他说:“屋里有些暗,怎么办?”

我轻松地回答:“没有灯更好。”

此时,一轮弯月正高高地挂在空中。那十多米的空地被月光所辉映,显得别有一番情趣。

我见此情景就说:“咱们把小凳子搬到空地上坐下,一起赏月吧。”

我们把小凳子并排放好之后,紧紧地靠在一起坐了下来。

沉默了一会儿,他紧紧地握着我的手,动情地说:“亚芬,自我被下放之后所发生的一系列的事,都使我心绪不宁,全队解散对我的打击很大。回乡务农,我无能为力,自谋职业,我又一时摸不清情况。而就在我万般无奈之时,你提出要和我结婚,我深受感动。你这个非同寻常的决定,对我无疑是一股巨大的推动力量，要说感激你，这完全不足以表达我的心迹。再说，按通常的习俗，我根本不具备结婚的条件，谁会接受这半间草屋成为新房呢？”

我说：“这些情况说来话长，但也可以一言以蔽之，那就是你的真情感动了我。尤其是我因你长期在流动性很大的地质队工作，聚少离多而在感情上产生了犹豫、动摇之时，你所表现出来的诚挚、大度，更使你内心深处所蕴含着的真情大放异彩。我为此心灵上受到了强烈的撞击，对你的真情在不断加深。两情相悦，互爱互依使我们来到了这半间草屋成婚，这不是很自然的吗？真情无比珍贵，有了真情，客观环境就会在我们眼里完全改观。你看，在别人眼里，这确实是半间破旧的草屋，可是，我们却在这里体味出了诗情画意……”

我们就这样说啊，谈啊，直抒情怀，共叙衷肠。

新婚之夜，许多新郎新娘都是在张灯结彩、觥筹交错的喜庆气氛之中度过。这固然好，但我们处于两人世界之中，在那独特“随风潜入夜，润物细无声”的境界里，不是更能充分地品味爱的甜美和幸福吗？

我们完全无憾地沉浸在爱河之中……

三、金婚之日的追忆和抒怀

2012 年 8 月 2 日，是我们结婚五十周年的纪念日。

这一天，和结婚时一样，我们没有举办纪念宴会，也没有约请亲朋好友，还是处于两人世界之中。只是不在半间草屋里了，而是在我们居住的社区小花园内。

这天晚上依然是一轮弯月高高挂在天空上，我们所坐的长排靠背椅被月光所辉映，周围一片静谧，依然充满诗情画意……

五十年来，我们的生活发生了很大的变化、我们的感情不断地升华。可谓少时心心相连、矢情不渝；老来相依相伴，恩爱愈笃。

周劼1962年被下放回乡，而1964年初由于地质部门纠正了政策上的误差，又被召回地质队，还是在河北，从而工作稳定，生活无忧。

1982年初，按照政策规定，他被调到天津测绘院工作，结束了我们长达20年分居两地的生活。再者，由于周劼长期努力工作，钻研业务，1988年被评为高级工程师。

1994年周劼退休。1996年我退休。

……

2012年初春两人合影

我们坐在长椅上，开始默默思索，久久未语。

时光不断流逝，不知不觉五十年就已经过去了！我们抚今追昔，感慨万千！

周劼开口先说了："1963年我虽然复职了，但我们仍然分居两地，害得你长期受着思念之苦，这都怪我……"

我说："怎么怪你呢？地质勘探也是国家建设所不可缺少的工作，总要有人去干呀。你长期在野外奔波，也是事业的需要，也是你对国家的贡献。

"再说思念之苦，如果感情不断深厚，苦也可以变成甜呀。

思念对人是一种折磨，也是一种寄托啊……这方面我的体会很深。比如说，在我第一次到地质队去看你的时候，住在村民的草屋里，看到屋内那个土炕，我心里就很别扭。可后来我不再对咱们的事犹豫矛盾，感情升华了之后，再去农村睡在土炕上，就觉得十分亲切……就是因为有了这个土炕，我们才得以团聚啊！那种魂牵梦萦的思念，其实就是真情内核中生发出来的一种最可贵的情怀，使人刻骨铭心，是爱的暖流。这种暖流是那些朝夕相处的人所体验不到的，这岂不是他们感情中的一种缺憾吗？

"'两情若是久长时，又岂在朝朝暮暮？'卿卿我我，朝夕相处，自有一番恩爱和情趣，但时聚时离，或天各一方，只要两心相通，矢情不渝，其情感的发展，反而更显厚度和纯度。真爱是不会被时空所阻隔的。只求天长地久，不在意朝夕相处，这样反而会真切地品味到甘之如饴的情爱甜蜜，会无比地珍惜得之不易的真情。"

……

他又说："成家之后，尤其是有了孩子之后，家务都是你一人承担，而且你工作也很忙。长期以来，你一直吃苦受累，一想起这些，我心里就感到无比的愧疚……"

我急忙脱口说："你也不容易呀。我知道你的心理负担很重，但为了这个家，你也是竭尽全力了。为了能让我们过得好一些，除了每月给父母寄去赡养费，你把余下的工资，只给自己留下最低限度的生活费，就都寄给我们了。你除了吃饭（而且还省着吃）或买必须要用的肥皂、牙膏等之外，什么钱都不花，节约到了最低限。你的衣服穿破了就补上。有一次，我发现了你放在行李包里的一件灰衬衣，拿出来一看，只见衣服上补了又补，缝了又缝，破破烂烂的，那哪里还是一件衣服哇！当时，我难过得捧着这件破衬衣就哭了起来。”

他说：“跟你说句心里话，尽管这样去弥补，我心里还是不踏实。”

我说：“你如果还不踏实，我再接着说。1982 年，你调来天津之后，为了想补上长期管不了家的缺憾，你不论会不会，能否干好，见缝插针地抢着干活……从这时起，脏活、重活你都全包了。这样我的负担就大大减轻了，这还不够吗？”

他说：“心里好受一些，但还是有缺憾……”

我说：“这还不够？好，我再接着说，你退休之后，直到现在，由于你患了青光眼和视神经萎缩的眼疾，视力大大下降。现在只有 0.03 的视力，已经近乎失明了。按说，你是什么也干不了，而且，还需要有人照顾你。可是你还成天摸摸索索地找活干……如洗碗，拖地，洗衣服，做饭等，把这些加起来，总可以说是补上了吧？”

他说：“虽然我是在找活干，但是，视力的限制，大部分的家务还是你在干啊。你提到了我视力上的问题，又触动了我存在心头的另一段心事。自从我的视力越来越差，生活不能自理以来，你一直多方关照我。出门你就是我的拐杖，你搀扶着我，一步一步往前走；看不见的文字、物件、来往的人，你如同我的眼一样，都一一告诉我；我想要的东西、吃饭时想要夹的菜，看不见，拿不起，你如同我的手一样，立即给我拿来或夹来。你就像我的贴身护士一样，终日跟着我。我能享受这样的优厚待遇，不就是因为你始终在我的身旁吗？……我……我……我怎么这样幸运呢？”

说到此处,他激动万分,伸手擦去眼中流下来的泪。

我一边听着,一边也十分激动和感慨。

我接着说:“这都是应该的……应该的……你冷静一些,听我说说自己内心中的愧疚,咱们退休之后,终于可以和许多人一样,朝夕相处了。这当然很好,这不正是咱们所期盼的吗?可是,新的情况又出现了新的问题。那就是咱们因为长期两地分居,各自养成了不同的生活习惯,共同生活之后,相互之间就常常出现分歧和摩擦。每当此时,我就常常耐不住性子为此着急、发火。只要是发生了这种情况,你总是赶快认错,向我赔礼道歉。其实,哪里会全是你的错啊!你所以一直甘当被告,不就是想用这种方式补偿自己的愧疚吗?其实,缺憾和愧疚也都是真情中所包含着的一种情愫啊!”

我们不再说话了……我们的手紧紧地拉在一起……

这就是相濡以沫、两情相悦啊!

第八章　充实多彩富有活力的退休生活

人都会老的。

年龄的增长是时间的积累，它不以人的意志为转移。也就是说，任何人从出生之日算起，时间过了五六十年，不论你主观上承认不承认，谁都会老，这是改变不了的客观存在和自然规律。

但是，时光也是精神上的一种状态，是理性思维中的创造潜力。

年老的人生活能否过得好，关键在于心境。

如果带有灰色情绪——老了就意味着来日不多了，那就必然颓唐、伤感。

如果能正视、认清自然规律，就积极乐观、豁达开朗。

年老固然意味着有生之年已屈指可数，但却能表现出生活经验的厚重和睿智，这是老年人独有的优势。

在漫长的人生经历中，能深刻体味、总结人生经验的智慧老人，是一本耐看的百科全书。

岁月可以在皮肤上留下皱纹，但若能保持朝气、热情，岁月就无法在心灵上刻下痕迹。

不感觉自己老的人就不老，总有事情做的人就不老。因为生命是在动态中激活的，人类是在创造中延续的。

……

1996年5月，我年满六十周岁，在学校办了退休证，我退休了。

从十五岁，到六十岁，一共四十五年。这漫长的岁月，是我一生之中，最为重要、最可宝贵、最有意义、最有价值、最可纪念的时光。因为，除了读书的四年之外，我一直都在教育岗位上勤奋、努力地教书育人，结下了累累硕果。

现在，我退下来了，离开了工作岗位。这是人生过程中的一个大转折。

这个大转折，我应该怎样面对？

已经退休的老人，或者关心退休老人的人们，想到这个问题时，都会有一个共识，即安度晚年，颐养天年。

安度晚年，颐养天年是对的，因为，退休就意味着尽完天职，卸去责任，一身轻松了。

可是，在安度晚年，颐养天年的前提下，我还想做一些有益的事。这个想法是由我几十年来在心底深处所积淀的厚重的使命感所决定的。也就是说，在离开工作岗位这个大转折之后，我依然想做出贡献，仍然想有所作为。当然，我一定把握好，不要紧张，不要过累。

我希望自己的退休生活充实、丰富，有活力、有朝气，多姿多彩。

虽然经历了从在工作岗位上转向退休这个大转折，可脚下的路，我还依然在不停地走着，没有却步不前。

一、提炼理性认知笔耕不辍

从1996年退休之后至今，我先后写成并出版了六本书。目前，正在写的《在路上》一书是第七本了。

我为什么如此笔耕不辍呢？

个中缘由，在我1993年出版的《我多想对你说》一书中的序言里有详细说明。现转载如下：

写在卷首的话

我是一个教师，数十春秋，在三尺讲台上，抛洒了青春，呕尽了心血，生出了白发。我竭尽全力做了应该做的事。现在，眼看就要尽完天职，从讲台上走下来，接着，也就理应卸去重负，一身轻快，颐养天年了。可是，近来，我的心里总有一股一下子说不清楚的情思在不停地涌动着。这常使我亢奋，使我躁动，使我不得安生，甚至常常夜不能寐。

是什么呢？

我曾经冷静地揣摩过，分析过，梳理过。原来在我心里涌动着的是一种想写写人生的热望和冲动。——其实我过去也写书，但多属于理性的，知识性的内容，所以不大动感情。现在，我想写的却是从自己的生活经历、思想经历、感情经历中提炼出来的真切感受；写我的爱，我的憎，我的追求，我的向往；写我对青年人的厚望和期盼。这一切都在我心里储存、蕴藏、积淀了许久许久。近来，它不可扼制地渴望着从我心底里流泻出来。所以，它不容我不动感情。

写些什么呢？这要从我的生活经历和体验说起。

在三十多年的教育生涯里，我是苦着过来的。和同时代的人——20世纪50年代的大学生们一样，风风雨雨、坎坎坷坷、大起大落，我都经历过。我有工作重担的苦——既教书又育人，还加上其他工作，常年超负荷地运转。我有生活重担的苦——靠着微薄的工资，上养老人、下育子女，日日操劳着无尽无休的家务。此外，在那个令国人万分痛心的特定年代里，我还曾背负着人为制造出来的重压。可是，不论是多么苦，多么难，多么累，我一直都在执着地追寻着一个目标。这个目标用一句最通俗的话来概括，那就是：我要做个好人——对于国家，我要做个好公民；对于学生，我要做个好老师；对于子女，我要做个好母亲；对于相识的人，我要做个好朋友。我觉得，一个人的生命不过只有短短的几十年。这短促而可贵的时光，我们都要无比珍惜。我们没有任何理由浪费和糟蹋。而且，我们来到这个世界上，唯一的真正的目的，不是只从生活中索取什么，而是要尽可能多给生活赋予些什么，要多做贡献。因此，人的生命应该有一种意义。人要活得实实在在，活得有用有益，活得高尚纯净。所以，几十年来，我一直都像赶火车似的忙着；像老牛耕地似的干着。该做的，我不遗余力地去做，该尽的责任，我责无旁贷地尽到。我不去考虑命运对我公平不公平，我也不算计社会对我的报偿合理不合理。只要我的存在，我的付出，对青年学生的成长有助，和社会进步合拍，我的心就踏实，我的精神就充实。我也因此无愧、无憾、无悔、无怨。

我的大半辈子就是这样度过的。

其实，做一个好人，只是我所追寻的目标的一半，另一半——或者说，是目标的延伸，则是我希望自己所教的学生也都能是好人。

因此，我爱学生，我愿意做他们的良师益友。我以极强烈的热情给他们讲述做人的道理，向他们传授知识，向他们灌输高尚和纯美，激励他们奋进向上。我把自己所有的挚爱、热望、真诚、知识，都倾注奉献给了他们。因为青年人单纯而富有朝气，热情、进取，而我动的又是真情，讲的是肺腑之言，而且力争身体力行，所以，我和学生们之间，感情上总是息息相通，十分融洽。有时课堂授课，情到深处，我和学生都流下了泪，这就是说，他们被我打动了，他们听进去了我的话。我就是这样润物细无声地努力实现我所追寻的另一半目标。当然，教育工作是复杂的（它缘于社会的复杂）。我的本愿有时和实际效果不一定能成正比。但是，对于那些暂时迷惑不前或另有追求的学生，我也从来不失望。我不相信他们对我的一片赤诚之心毫不理解，只要他们的心里能记下我的一句话，留下我的一份情，我也就得到了安慰，我的心血就没有白费。

现在，我所追寻的目标又在伸延了——我不仅希望我所教的学生是好人，也希望更多的青年人人都好，还希望社会也好。写到此处，就和我开头所说的那一股涌动着的情思连起来了。是的，我要写一本书，献给青年、献给社会，通过它，传递我的追求和期盼。每每想到此，我心中涌动着的情感逐渐转化为一种厚重的使命感，而我的心情，也随之有了几分庄严感。那直逼心底的召唤，使我非写不可了。

我写得很投入、很专注，也很苦。因为，我需要提炼出几十年积累下来的思想体验，并做理性的思考、剖析和淘洗;我需要从生活的海洋里采撷许许多多的典型素材;我需要反复不断地和同辈及学生切磋、沟通、交流;我需要精心地布局谋篇、字斟句酌、修饰润色。但是,一旦钻进去,我就仿佛进入了一个从未到过的崭新而深邃的境界。这使我吃重又愉快,使我动情又忘情,使我冷静又沸腾。因为我在写从心里流出来的话,我在开垦一块净土,我在寻找一条通往爱的海洋的路,我在讴歌高尚、无私和友爱,我在鞭挞丑恶和卑劣,我在呼唤真善美,我在描绘一个纯净的世界!

没有比这更美好、更有意义的了!

因为这本书全是我心底里流出来的话,是我的真情实感的表露,所以,定名为《我多想对你说》。我很欣赏这个书名,因为它能较准确地表达我的初衷,我的情感,我的诚意。

如果青年朋友读了这本书,能记住里面的几句话,我就感到很欣慰了;如果能从中得到一点启迪,受到一点感染,得到一些鼓励,能和我达到感情上的共鸣和交流,那就是我最大的幸福了。

一切都会好起来的,只要我们都去做好人。

愿这本书,为万紫千红的书丛,添一叶淡绿。

吴亚芬　1993 年 3 月 27 日

这篇序言,把我想写书的热望表达地很充分了。退休之后,时间比在职时充裕多了,有了这个优势,我就可以笔耕不辍了。

退休之后,我出版的书:

1.《最新学生多用汉语词典》

我主编的《最新学生多用汉语词典》

这本书是应天津人民出版社编纂的。由我担任主编，并组织了包括一位中学特级教师在内的17名大、中、小学教师参与编写。1998年4月出版，全书70万字。

这本词典的特色是：其中所有的词句都是从全国统一使用的中、小学语文课本中选出的常用重点词语，旨在为中小学学生学习语文提供一种紧密联系课文，切合其接受程度的新型工具书。

2.《人生箴言悟语》

此书2008年8月由金盾出版社出版。全书13万字。

此书的内容提要是："这是一本写人生的书。它以短语形式对人生百态进行深入的探索、思考和辨析，凝练了作者对人生的感言。全书内容深邃，富有哲理，文字简洁，可读性强。"

此书的序言如下：

每一个来到这个世界的人，都不可避免地要经历生命的过程。一个人从年幼到年长，从幼稚到成熟，从无知到有知的生命旅程很长，不可能一帆风顺，因为，生命本身从来就充满着艰辛，布满着荆棘，存在着各色诱惑，一旦不能正确对待，就会遭遇到各种挫折，甚至磨难。诸如学业上受挫、事业无成、家庭变故、情感受到伤害、病痛缠身等等。走好人生之路，主要靠自己，靠自己对生命实质的认知和对前进的方向和目标的把握，靠自己的不懈努力。但是，客观上的帮助也是不可缺少的。《人生箴言悟语》一书，就是为读者提供一些帮助。

金盾出版社出版的《人生箴言悟语》

《人生箴言悟语》共有四部分内容。即生命旅途、修身养性、情感世界、社会观察。这四部分基本上涵盖了生命中最重要、最需要解决的课题，即事业、家庭、修养、感情等。作者写作的过程，实际上是在完成由热爱生命到洞彻生命的哲学思考过程。在这个基础上，力争对如何走好人生之路做出明晰、准确、有说服力的结论，从而给读者，尤其是其中的青年人，在前进中提供有启发性的帮助。当你处于困境和重压下，陷于迷茫、苦恼之中时；当你遭遇失败，心灰意冷、丧失信心时；当你在错综复杂的境遇中，犹豫不决、徘徊不前时；当你的情感生活出现波折变化、深感痛苦时，翻翻这本书，如果能从中得到一些启示、激励，从而摆脱消极情绪，一身轻快，阔步前行，这正是作者写这本书的初衷和期待。

本书采用了短语的写作形式。因为这种形式阅读省时，切合快节奏生活的特点。再者，短语凝练浓缩，言简意赅，耐人寻味。

例句摘录：

(1)生命旅途

人是大自然的一部分，并且都要一一回归自然。而大自然又归属于宇宙——宇宙是永恒、博大、无垠的。如果把人和自然、宇宙联结起来去看人生，会不会另有一番意境？

所谓生命，就是一个逐步支出短短的几十年的时光的过程。支出的时光，换回来的是充实、收获，则有意义；支出的时光，换回来的是虚妄和失落，则无意义。

生命的意义是用价值来计算的。生命的长短是用时间来计算的。生命可以超越时间而永恒。

如果挡不住引诱，人就可能变坏了。避开引诱，胜过落入陷阱后再奋力挣扎。

一个人如果总能保持如日中天的精神活力，那他的创造力就是无穷的。而如日中天并不由年龄决定，主要是人生态度。

有意义而有趣的生活叫生活，无意义而乏味的生活只能叫活着。

学问之道，首先不在于知识、技能，而在于做人。读了许多书，但不懂做人，读书何用?

良心是无形的，看不见、摸不着，但良心是能感知到的。一个人的言行，随时都在受着良心的支配和掌握。良心有千钧之重。

在功利观念飞速膨胀的时候，忠厚更能显示其淳厚、坦荡之美。

一个人如果心里总有追求，总充满着希望，总有事做，懂得并去爱人，也有人爱，他就获得了幸福的真谛。

困难是一所学校，一种教育，一门功课。

坚韧、勤奋不一定都能成功，但成功的人，一定都有坚韧、勤奋的历程。

人不可没有自尊，自尊的内涵是求实和自信。缺少了这，自尊就变成了偏执和狂傲。

人更不能没有尊严。尊严是人凛然不可侵犯的地位，是人应该获得的身心自由，是人生存的根基。

年轻不仅仅是人生旅途中的一段时光，也是精神上的一种状态，是理性思维中的创造潜力，是情感运动的勃勃生机，是使生命春意盎然的源泉。

美就是人性。凡美就真,就最富有生机,就最富有感情,就最充实。

(2)修身养性

古人说:“吾日三省吾身。”这是说人要不断修炼,不断地自省、自悟、自责,以不断除掉心灵上的灰尘和秽物。

这样坚持下去,人就成熟,就会活得轻松、踏实,有生气,有活力。

修养的最高境界是聪明而不自负,成熟而不世故,温顺而不乏个性,热情而不放浪,开朗而不粗俗,活泼而不轻浮,天真而不幼稚,自尊而不傲视别人,富有同情心而不懦弱。这很难,但要努力去做。

能忍耐,就能避免做出蠢事。

拿得起是一种魄力,是一种勇气;放得下是一种度量,是一种豁达。如果两者都能具备,人的精神境界就开阔了。

最好的劝说办法,就是自己劝自己。

动是生命力的发挥,静是内心世界的沉思。人的生活中要有动、有静。

宽容会使你把一些人很看重的事，看得很轻。

宽容是滋润心理健康、终止痛苦记忆的良方。

宽容能松弛别人，也能宽慰自己。

宽容中显示着气度和胸襟，包含着理性和博爱、智慧和修养、理解和原谅。宽容是一种相容、一种美德，一种爱。

一生宽容，一生轻松，一生收获笑容。

该紧张则紧张，该放松就放松。我们要给自己的精神加一点清凉剂才好。

做错了事，一心想补过。在这种自责心情中做事，最见成效，因为自责是一种自觉的意识。

造一把心理保护伞，保护好自己的心态和情绪——即善于平衡心理、平息恼怒、稀释忧愁、化解痛苦、弱化悲哀。

学会变换角度和视点去观察问题——自我审视后，再去客观审视，然后，再为他人设身处地审视。这样，就可能避免失之偏颇，也可以减去许多争吵。

总是偏执地只从一个角度上审视世界，永远不会找到真理。

在人的情感血脉中，最本质、最重要的因素是渴望被他人肯定。所以，在待人接物中，什么时候都要注意对别人的肯定和鼓励。

心里要有一团火,对所接触到的人,都表示真情,都热情洋溢。这样,生活中就有了花,有了音乐,有了温暖。礼貌不是装出来的,它必须融入火热的情怀之中。

一个感情丰富,彬彬有礼的人,谁能不喜欢?

嫉妒心态产生的原因,无非是别人做出了成绩,而自己却一事无成。这样的人的心态不是让自己有所作为,而是不想让别人有所作为;不是想让自己聪明、能干,而是恨不得别人个个都是傻瓜、笨蛋。

所以,嫉妒是弱者和破坏者的一种畸形的激情。

(3)情感世界

如果我们心中不盛满着爱——爱世界、爱人间、爱生活、爱事业、爱亲人、爱朋友,便没有人生的出发点和归宿。爱是生命的源泉,是生命的寄托,是生命的阳光,是生命的灵魂,是生命的活力。正因为如此,韦唯在春节联欢晚会上的一曲《爱的奉献》,一夜之间传遍了全国,得到了数亿人的强烈呼应。

情感似乎不含道理,可是一旦动起真情来,被许多道理都说服不了的人,心头会顿时撞出火花,涌出暖流来——情感其实是理性的血肉心脏。

亲情是扯不断的血肉纽带,是切肤的心灵感应,是最灿烂的阳光。

天伦之乐含着世界上最浓、最深、最真的情义。无论父母、兄弟、子女，都不容破坏它。

孝心是爱心、善心、良心的凝结。所以古人有言：百善孝为先。

与所爱的人能同受苦难，共渡不幸，就表现出了爱情的崇高性。

恋情的深化，是要经历一个过程的。犹如树上长出的一个果子，在它青涩的时候，你无法要它立刻成熟。如果失去了等待的耐心，你也许会错失一个甘甜的果子。

在两个人相守时，一个人哭了，另一个人立即就能品味出咸味；一个人笑了，另一个人就立即品出甜味，这才是真爱。

谈情说爱，最好少一些山盟海誓。脱口而出的誓言越多，分量就越轻。

滂沱大雨式的情恋，不如潺潺细流。滂沱大雨来得快，也去得快，只能浇湿地的表层；潺潺细流则经流不辍、注满心田。

失恋之所以痛苦，是因为别人的心已收了回去，而自己的心还不肯回来。心收回来了，痛苦就消除了。

在婚姻中,激情并不重要,重要的是相知、相守、信任、依赖。

夫妻一生的角色变换是:年轻时是情人,中年时是伴侣,老年时是守护人。这些角色变换的基石都是相同的,那就是真情。

丈夫和妻子之间不同习惯的接受和认同,是互爱的一种表现。其实,互爱正是常常表现在生活中的平常小事和点点滴滴之中。

夫妻常常口角,这并不奇怪,更不可怕,要知道,这是一种感情磨合的必然过程。当然,大是大非的争论,另当别论。

真朋友,无须表白,也不需馈赠。即使一两年不通音信,也还是真朋友。其源出于一个“真”字。

在各种饮料中,白开水是最易取、最普通的了。它淡而无味,似乎毫无特点。可是每当人们推崇君子之交时,就会说:“君子之交淡如水。”一个“淡”字,意味无穷。它清、它净、它纯,什么都不掺。

建立在功利目的基础上的友谊,是不可靠,也是不长久的。还是不交这样的朋友为好。

友情从本性上拒绝功利。

一个常常自我炫耀、傲视他人的人,无疑是在拆除通往友谊之路的桥梁。

(4)社会观察

钱毁掉了贪官或奸商，并非是钱的罪过。钱不是邪恶的根源，人对金钱的贪欲，才是邪恶的根源。

人要一心想钱，便有了物欲，眼睛就不清亮了，也就看不见性灵的天光云影了。

一个人如何挣钱，能看出他的能力，而如何花钱，则能显出他的品位。

钱如果把一家骨肉搞得绝情无义、反目成仇——“逆子无义，逼父上吊”“丈夫贪财，黑心卖妻”“生母绝情，逼女为娼”“兄弟分家，刀斧相见”（上述皆为一些报刊文章的标题），钱就成了罪不容饶的孽障了。

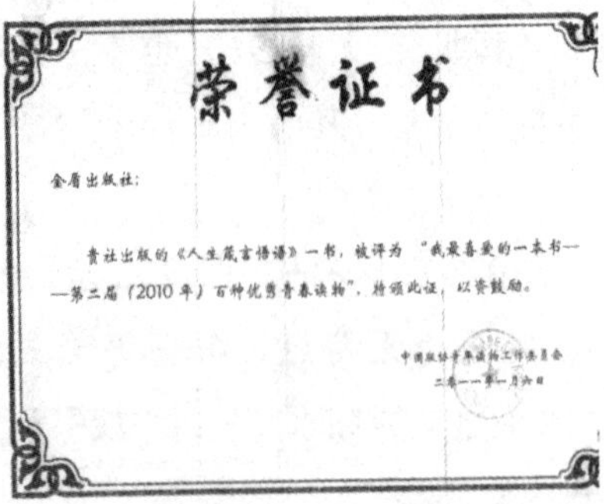
荣誉证书

金盾出版社：

贵社出版的《人生箴言悟语》一书，被评为“我最喜爱的一本书——第二届（2010年）百种优秀青春读物”，特颁此证，以资鼓励。

中国版协青年读物工作委员会

二〇一一年一月六日

《人生箴言悟语》的获奖证书

安徽文艺出版社出版的《青少年不可不知的100个名人励志佳句》

在权力、地位、金钱所编织的万花筒面前，不眼晕目眩、不心旌摇曳、不忘乎所以的官员，是老百姓最拥戴、最信任的官员。

商品社会的商品意识，无疑要渗透于各个领域。但纯净的心灵拒绝商品化。

在日新月异的社会里，不合时宜的，常常不是你的衣着服饰，而是你的思维方式和思想观念。

《人生箴言悟语》于2011年获得由中国版协青年读物工作委员会颁发的“我最喜爱的一本书——第二届百种优秀青春读物”奖。

安徽文艺出版社出版的《青少年不可不知的100个传奇人物》

3.《青少年不可不知的名人励志佳句》

此书2010年10月由安徽文艺出版社出版。全书25万字。

此书从先秦到清代的大量经典诗文中，选录了100位名人贤达的传世励志佳句，按照青少年阅读心理和成长特点，言简意赅、通俗易懂，便于青少年理解、掌握和记忆。

4.《青少年不可不知的100个传奇人物》

此书2012年4月由安徽文艺出版社出版。全书19万字。

此书撰写了功高盖世的政治领袖、叱咤风云的疆场战将、真知灼见的思想巨擘、铸造辉煌的科技精英、妙笔生花的文坛泰斗、匠心独运的艺术大师、从零到亿的商界奇才等一百个人物的传奇。使青少年们了解这些传奇人物的故事,从而为之惊奇和感动。把传奇人物作为人生标杆,真心实意、脚踏实地、坚持不懈地努力,从而开拓自己成功的人生之路。

5.《青少年不可不读的100篇幸福小品》

此书2012年9月由安徽文艺出版社出版。全书19万字

此书是一本写人生的书。它融哲理性、文学性、趣味性于一体,以散文的笔法触及人生百态,写青春、写高尚、写美德、写真情。它能把青年人带进至善至美的境界,它能给正在探索人生之路的青年人以启迪和感悟。全书立意深刻,有现代气息,文字简约活泼,笔调清新隽永,可读性强。

安徽文艺出版社出版的《青少年不可不读的100篇幸福小品》

6.《经典古诗文800句新解》

此书2012年9月由金盾出版社出版。全书41万字。

本书共收录了中国历史上经典古诗、词、文800句,并根据

金盾出版社出版的《经典古诗文800句新解》

不同内容将其分为生命真谛、修身养性、求知治学、感情世界、养生健体五大部分。每一部分又分为若干小专题，每一句均有译文和内容新颖的解析，较难理解的词有注解，便于读者阅读。

我国是举世闻名的文明古国。五千年来，先祖们创造的无与伦比、灿烂辉煌的文化，经世代相传，继承发展，成为当今祖国文化宝库中取之不尽、用之不竭的精神财富。那些经过历史沉淀的优秀作品透出的是无限而又鲜活的生命力，其中蕴含着无穷的智慧和深邃的哲理，每一句话可谓字字珠玑。

阅读、品味、欣赏这些名句，自然就将自己置身于浓厚的文化氛围之中。如果能够有意识地以哲理思维和新时代的观念去思考、联想、诠释、深化其中包含的哲理因素，那么不仅可以提高思维能力、升华人生境界，而且对人们观察事物、矫正不当观念、克服自身不足、增强信心、战胜困难等，也必将产生积极作用。

本书适合青年学生和广大古诗文爱好者阅读。

例句摘录

(1)“乘风破浪会有时，直挂云帆济沧海。”唐代李白《行路难》

译文:总有一天,我要乘长风,破巨浪,高高挂起云帆渡过沧海(去实现我的宏大抱负)。

解析:此诗句是李白的《行路难》一诗的最后一句。在此句之前,诗人多是以压抑、积郁的笔调,抒发自己仕途多舛、怀才不遇的内心痛苦之情。但李白毕竟是一位性格豪放、洒脱,怀有雄心壮志,不同凡响的诗人,所以,在吐尽胸中的激愤、郁闷、不平之后,在诗的最后两句,他挣脱了精神的羁绊,从苦闷和彷徨中清醒了过来,发出了“乘风破浪会有时,直挂云帆济沧海”的石破天惊的豪言壮语。它生动地表现了诗人高远的志向和宏伟的抱负。

志向和抱负是人的精神世界的核心和精髓,它支撑着人的生命,它推动着人的前进步伐,它是力量之源,智慧之本。

任何时候——顺境时,逆境时,得意时,失意时……都不能丢掉志向和抱负。

(2)“会当凌绝顶,一览众山小。”唐代杜甫《望岳》

译文:(我)定当登上泰山的顶峰,众山尽收眼底,都显得十分矮小。

解词:会当:定要。凌:登上。览:看。

解析:“会当凌绝顶,一览众山小”一句集中体现了全诗的气势和神韵。诗人以宏大的气魄和超然鸟瞰的视角以及洞察自然的清醒和豁达,道出了一个朴素的道理和规律,即:站得高,看得远。站在高山的顶峰,居高临下地俯瞰众山,就会被眼前的神奇秀美的景色和磅礴大气所感染,顿感胸怀开阔,精神振奋,进而内心深处生发出一种勇于攀登,腾凌绝顶的豪气。杜甫此时因洛阳科举落第郁结于心的苦闷也荡然无存。读此诗时,也应当有和诗人相同的感受,如当事业不顺,或学业受挫,抑或情感波折时,就应该像站在高山上小视众山一样,胸怀博大,藐视困难,坚定信心,奋发有为。

(3)“镜破不改光,兰死不改香。”唐代孟郊《赠别崔纯亮》

译文:镜子破碎了,但没有失去它的明亮;兰花凋谢了,但没有失去它的香味。

解析:此诗句十分通俗,但却含义深刻。镜子明亮照人,兰花的芳香四散,都会给人们留下美好的印象。由此引发进一步的思考,镜子和兰花都可喻为人的优良品德,诸如忠贞、热忱、善良、赤诚、坚韧等,而且,具有这些美德的人,不论处于顺境、逆境;不论得意、失意,甚或遭遇灾难、祸患,都矢志不渝,终生保持高尚的操守,犹如“镜破不改光,兰死不改香”一般。

我们都应成为这样的人,社会也需要这样的人。

(4)“等闲识得春风面,万紫千红总是春。”宋代朱熹《春日》

译文:随意之间,感到春风吹到了脸上,眼前百花盛开,色彩绚烂,到处是一派春天的美丽景象。

解析:《春日》一诗是朱熹为了寻找美景,来到孔子的陵墓,有感而发所写。这是一首描写春景的诗,读来顿觉春风拂面,面前宛如出现了一幅姹紫嫣红、美不胜收的动人画面。而再细细揣摩,就会感知此首游春诗含有一种别样的意味。朱熹一向十分崇敬孔子,此次踏青寻芳来到了孔子的陵墓,就如同到了儒家的圣地,拜见了孔圣,寻到了儒家的真谛,此时,他心中顿然悟彻,眼前的一切立时是一片全新的境界。进入了此种境界,他的心底和周围的景象,一派盎然沁心之气,充盈于大地之间。

春是四季之端,其内核是充满活力,永远生机勃发。由此,凡处于蓬勃向上,蒸蒸日上的事物,小如个人事业有成,家庭和睦兴旺;大如国力强大,经济腾飞,万象更新等,都如同“万紫千红总是春”一般,鲜亮绚丽。

人的精神状态,志向、抱负,都应像万紫千红的春色一般旺盛而勃发。

(5)“横看成岭侧成峰,远近高低各不同。不识庐山真面目,只缘身在此山中。”宋代苏轼《题西林壁》

译文:从横面望去,庐山像横空的高岭;从侧面看去,它却成了陡峭的险峰。为什么看不清庐山的真面目呢?只因为自己处于庐山之中。

解析:这首诗首先是写景。庐山位于江西省北部,长江南岸鄱阳湖之滨。岗峦层叠,云雾缭绕,山色瞬息万变,瑰丽奇迷。诗人分别从横、侧、远、近、高、低等不同角度,看到了庐山的不同的姿态。与一般写景的诗不同的是,他除了写景之外,还在诗中寓含着深刻的哲理。

不同角度观察事物,自然会得出不同的结论。之所以无法看到庐山的全貌,是因为立足点受到了限制,未能超然于庐山之外,从而道出了“当局者迷,旁观者清”的哲理。当局者为什么会迷?是因为摆脱不了自我这个圈子,没有其他空间和余地了,自然就迷,不仅迷惑而且谬误。旁观者为什么清呢?是因为他跳出了自我的小圈子,去全面看世界,冷眼看世界,这自然就清,不仅清,而且准确。

一个人若迷惘、困惑,甚或痛苦、绝望,不妨改变一下立足点,跳出事外,统观全局,以一种不同的观点,重新审视,认识一下自己的不利境况,也许就会顿时豁然开朗,从而摆脱掉困扰的束缚,寻找到生活的信念。

“不识庐山真面目,只缘身在此山中。”包含着对人生的深刻探索,也为人们在自我认识上,做出了一个美丽的注释。

(6)“梅需逊雪三分白,雪却输梅一段香。”宋代卢梅坡《雪梅》

译文:梅花虽香,但和雪相比,却不如雪白;雪虽洁白,但和梅花相比,却不如梅花芳香。

解析:此诗句既写了梅,又写了雪。红白交辉,色彩鲜美,占尽春色,相映成趣。而更奇巧的是,诗人用了最简练的十个字“逊雪三分白”“输梅一段香”,就把诗的主旨点了出来,为此,此诗句千年留香、广为流传。

梅花以其独有的俏美、芳香、傲雪的特点,赢得大众的喜爱;白雪洁白无瑕、晶莹剔透,给大自然带来无限生机,且象征着人的纯洁美好的品行,因此,两者都具有特色鲜明的美。可是相比之下,却又各有不足,即梅不如雪白,雪不如梅香。梅和雪如此,人和事物也如此。也就是说,即使是十分出众的人才,成就卓著的精英,长处固然很多,但也不可能十全十美。新生事物发展迅速、突飞猛进、日新月异,固然可喜,但也不可能完美无缺。这充满着辩证哲理的诗句,给人以深刻的启迪。

(7)“我自横刀向天笑,去留肝胆两昆仑。”清代谭嗣同《狱中题壁》

译文:我横刀在手,朝着上天大笑,去和留两者肝胆相照都像昆仑山一样巍峨高大。

解析:谭嗣同是清末戊戌变法时的坚定革命派。慈禧太后镇压维新派时,他被捕入狱。《狱中题壁》是他用地下的煤渣在墙壁上写的绝笔诗。谭嗣同本可以选择出走,但他却坚定地留下坚持斗争,以死殉道。这完全是发自内心的自觉的行动。他曾有言:“各国变法无不从流血而成,今日中国未闻有因变法而流血者,此国之所以不昌也。有之,请自嗣同始。”在投入死牢时,他深知等待自己的是必死无疑的结局,可他却镇定自若,异常从容清醒,写下了“我自横刀向天笑,去留肝胆两昆仑”这样荡气回肠的豪迈诗句。在他被绑缚法场执行死刑,面对刽子手举起的钢刀时,他用洪钟般的声音昂首高呼:“有心杀贼,无力回天,死得其所,快哉!快哉!”他的所言、所写、所行都集中、突出地表现了其大义凛然、视死如归的英雄气概。这种可贵的胆识、胸怀和气魄,感人至深,惊天地、泣鬼神,将流芳千古!

谭嗣同短短的三十多年的生命,如此光彩照人,主要是由于他有坚定而明确的信仰。信仰使他产生无穷的力量和勇气;信仰使他赴汤蹈火,万死不辞。当今,我们充分肯定谭嗣同的感人精神,并非是要倡导他的以惨烈的方式以身殉道,而是为了继承和发扬光大这种对信仰的执着追求、无怨无悔的精神。

(8)“归真返璞,则终身不辱。”《战国策·齐策》

译文:去掉外表的浮华,恢复其原有的质朴和纯真,就会一生不蒙受羞辱。

解词:归真:恢复原有的真实。璞:含玉的石头,也指没有雕琢的玉。

解析:“归真”和“返璞”是同一个意思,即要求真。“真”是最圣洁、质朴、纯净的。世界万物之中,应当有一种东西具有永久的价值,应当有一种东西值得永久珍藏,应当有一种东西永远不会消失,那就是“真”。人要真,物要真。真中有实,真中有力,真中有美。

“归真返璞”后演变为成语“返璞归真”被广泛运用。

(9)“岁寒,然后知松柏而后凋也。”《论语·子罕》

译文:只有经过严寒的冬季,才能知道松树、柏树是最后才凋零的。

解析:在所有的树木之中,松树、柏树四季常青,最能耐寒,具有顽强的生命力,这是其十分鲜明的特质。而此特质在严寒季节中来临,百花凋谢时,得以充分显现。正因为松柏具有强大的抗寒力,所以,孔子高度赞扬了松柏的耐寒。而孔子赞扬松柏,实则是激励人们要像松柏一样,经风雨、耐严寒,历经艰苦生活的磨炼,造就坚强不屈的意志。

刚强的性格是磨炼出来的,在狂风暴雨中挺起自己的脊梁!

(10)“人无远虑,必有近忧。”《论语·卫灵公》

译文:人如果没有长远的打算和对可能出现问题的考虑,就会有马上到来的忧虑。

解析:“人无远虑,必有近忧。”是告诫人们做事一定要有长远的考虑和谋划,即首先必须要给所要做的事,设定一个明确的目标。然后,为达到所设定的目标,需要安排一个分步骤的计划。与此同时,要周密地考虑到在完成计划的过程中,可能会出现什么问题和困难,如何解决等。在这样长远而周密的考虑之后,一步一步地推进事情的进展,必然会成功。这就是“远虑”。否则,目光短浅、胸无城府,必然举步维艰,难题丛生。这就是“近忧”。

胸怀大志、高瞻远瞩,才能有“远虑”,才能防止“近忧”。

(11)“君子爱财,取之有道。”《论语·里仁》

译文:财产富足是人们所想要的,但是必须按照道德准则和正确的方法去获得。

解词:道:道德准则。

解析:此句的意思是指品德高尚的正派人喜爱钱财,必须按照正确的道德准则去获得。道德准则是人人都需要遵守的行为规范。社会各业各有其道,如政有政道、医有医道、师有师道、文有文道、商有商道等。和钱财联系最为紧密的是经商,所以,这句名言,就以商道为主加以诠释。

做生意就是为了赚钱,为此,可以说,经商的最高目标是最大限度地获取利益,或者说,获取利益是商业的原动力和推动力。如此认定商业行为,应该是一种社会共识。但是怎样去获利,如何去赚钱,却是商人应该首先考虑的头等大事。即一定要讲"取之有道",也就是要讲商道。商道指的是什么?概括起来说,就是诚信为本,质量第一,货真价实,薄利多销。如开药店,第一要治病,第二才赚钱。再如盖房子,第一要安居,第二才赚钱。如果商人们真能坚持这样的商道,就既能为老百姓服务,又能赚到钱。许多原来资金匮乏艰难起步的企业,在数年之内,迅速发展成国内外知名的大企业,正是凭着这样的商道,成了商界的成功者。

可是,在当今的社会里,却有一些商人不讲商道,脑子里只装着钱,唯利是图。他们为了赚钱,不择手段,商业欺诈、假冒伪劣、偷工减料、偷税逃税、漫天要价、缺斤少两……无所不用其极。其结果,既坑害了百姓,又毁了自己。

赚钱不是坏事,但必须取之有道!

(12)"富贵不能淫,贫贱不能移,威武不能屈,此之谓大丈

夫。"《孟子·滕文公下》

译文:富贵不能使之无度挥霍、放纵,贫穷不能使之动摇气节、志向,权势武力不能使之低头屈服,这才是大丈夫的本色。

解词:淫:过度放纵。

解析:此句从要经得起富贵、贫贱、强权三个严峻的考验,高度概括了志士仁人的浩然正气和英雄气概,显示其铮铮铁骨和高风亮节。孟子的至理名言,千古流传,已成为许多有志之士的座右铭,铭刻于心,并深深地融入中华民族博大精深的传统美德之中,成为民族之魂。这种人格之美和超凡气节具有永久而强大的震撼力和感召力,将世代传承,发扬光大。

(13)"上善若水,水善利万物而不争。"《老子·道经》

译文:世间最善的人就像水一样,水滋养万物而又平静无争。

解析:"上善若水"是用水对人间的贡献中所表现出来的特性,来比喻具有崇高德行的人。水是人的生存中最不可缺少的物质。它滋润着万物,顺应天时而又柔顺平静,不逆流而动,永远付出,显示出纯净、无私的美。这正是老子的道学所崇尚、期望的品德的具体体现。或者说,老子认为最完善的人,就应具有水的特性。

"上善若水"也显示了老子自身崇高的精神境界。

(14)"以人为本,本理则国强,本乱则国危。"《管子·霸业》

译文:把人民群众视为根本,根基理实了,国家就强大,根基紊乱了,国家就会处于危难之中。

解词:理:治理,整理。

解析:此句提出了治国的根本出发点。既具有深刻的历史意义,又显示出了现实的指导意义。“以人为本”有两重深刻意义:其一是充分认识“人”的重要作用。“以人为本”之中的“人”,不是指个体的人,而是指群体。“本”即根本。把人民大众视为国家的根本和血脉,就极其准确地表明了广大人民群众是推动历史和社会前进的原动力,是社会中不可替代的主体。因此,为了国家的发展和兴盛,就必须认清人民大众的伟大作用和重要地位,从而采取各种有力措施,充分发挥和调动人民群众的创造性和积极性。其二是要充分认识到维护人民群众的根本利益是国家最高的价值目标,从而把人民群众的利益和需求作为社会发展的明确而重要的原则、尺度、标准和目的。全心全意、切切实实地为广大群众服务。这样坚持下去,迎来的必然是国强民富,一派欣欣向荣、兴旺发达的盛景!

每一位执政者都应将“以人为本”所体现出来的科学理念和唯物历史观,始终全方位地、坚定不移地贯彻到社会发展的各领域中去。

(15)“桃李不言,下自成蹊。”汉代司马迁《史记·李将军列传》

译文:桃树、李树本不会讲话,但因为花香果甜能吸引人们,所以树下的人来往不断,就逐渐踩出一条小路来。

解词:蹊:小路。

解析:这是一个很巧妙的比喻。用“桃李不言”却“下自成蹊”,比喻那些品德高尚的仁人志士,淡泊名利、谦逊自尊、善待他人、造福社会,但自身却不尚虚名、不事张扬,如桃李散发果香一般,受世人瞩目追随、看重爱戴、实至名归。

做这样内心充满美德，受人敬重的人，是不虚一生的。

(16)“精诚所至，金石为开。”南朝范晔《后汉书·光武十王列传》

译文：只要怀着至诚之心，就是金石也能为之断开。

解析：这是一句感人至深的名言。它令人十分感动的原因在于突出了“精诚”二字。尤其是用“精”来形容“诚”字。“精诚”就是真诚，就是诚而又诚，实心实意，一心一意。它实际上是一种强大无比、感天动地的精神力量。无论对人对事，只要有精诚之心，连“金石”都能为之断开，还有什么艰难险阻战胜不了的呢？还有什么想做，并且应该做的事，做不到的呢？

“精诚”可贵，“精诚”千金啊！

(17)“贫不足羞，可羞是贫而无志。”明代吕坤《呻吟语·力行》

译文：贫穷是没有什么可羞耻的，可羞耻的是贫穷而又没有志气。

解析：此句一个“志”字就道出了其精髓所在。作者认为一个人如果贫穷，不是羞耻的事，可耻的是贫穷而没有志气以自己的拼搏去改变命运，这是最关键、最重要的。确实，贫穷对人是一种灾难。不论是何种原因造成，都必须尽快摆脱。但如何摆脱？不能靠天靠地，不能求靠他人，只能靠自己立志。大志一旦确立，就会生发出战天斗地，坚韧不拔的力量，推动自己不断努力、不断奋斗。这样一步一步坚持下去，必能改变贫穷的命运，迎来崭新的生活。

“志”是灵魂，是支柱，是力量的源泉。

(18)“盖世功劳，当不得一个矜字；弥天罪过，当不住一个

悔字。”明代洪应明《菜根谭》

译文:功劳盖世,不能骄傲自满;犯有弥天大罪,要悔过自新。

解词:矜:自尊自大。

解析:此句中的精髓在“矜”“悔”二字。无论立下多少丰功伟绩,盖世功劳,只要滋生了妄自尊大、居功自傲的情绪,就会止步不前,甚而一败涂地;无论犯下什么弥天大罪,只要痛下决心,洗心革面,就能有光明前途。这入木三分的告诫和激励,极其深刻有力。

立下盖世功劳者,要记住“矜”是大敌;犯下弥天大罪者,要记住“悔”是救星。

(19)“海纳百川,有容乃大。”清代林则徐

译文:大海可以容纳成百上千条江河之水,因为大海有广阔的胸怀,所以是世间最伟大的。

解析:这是林则徐所写的一副对联的上联,已被人们所熟知。其特点是气魄宏大。读此名句的时候,你不妨到大海边上走走,面对那天水相连、缥缈无垠的大海,听听那汹涌澎湃海浪拍岸的涛声,看看那搏水前进的渔船和穿插飞翔的海鸥。此时此刻,你的心情会顿时豁然开朗,你会觉得无边的海,都包容在你的胸怀之中了。这样,那烦恼、那忧伤、那困难、那负担,还有容身之处吗?

你的心就是大海,你就要像“海纳百川”一样,心胸无比宽阔,包容一切。

(20)“读万卷书,行万里路。”清代董其昌《画禅室随笔》

译文:读万卷书,走万里路。

解析:此句短短八字就对求知者提出了全面而严格的要求,堪称行知警句。一个求知者,首先要读“万卷书”,只有多读书,才能学识渊博,获得真知。而只是闭门读书,是远远不够的,必须还要“行万里路”,即走出去参加实践活动,锻炼、提高能力。把知识储备和实践经验紧密结合起来,融为一体,才能全面发展。

在上述所写的五本书中,《经典古诗文 800 句新解》一书,是我花费时间和精力最多的一本。此书从立意、选句、撰写、修改到出版,历时四年之久。这是因为此书所涉及的范围广泛。我国古代的优秀作品,数量之多,浩如烟海,古诗文的经典语句难以穷尽,要从其中选出更为经典的句子,难度很大。再者,要在撰写中,突出一个“新”字,是很费功夫的。但是,由于写书是我的精神寄托,是我自觉的意愿,所以,在写作中,我始终被一股无形的力量在支持和推动着,积极而富有兴趣地写着,丝毫不感到疲惫。

……

我现在正在写的《在路上》这本书,已经历时一年了。是在写自己,写我几十年来的经历,写我所走过来的人生之路。写这本书,和以前所写过的书相比,在思路、感受、情感等方面,都大不相同。因为,从少年、青年、中年直到老年,我经历过许多重大的历史变革,而我的经历也跌宕起伏,艰难、挫折、成功、失败,酸、甜、苦、辣都品尝过,所以,进入写作状态之后,在回顾、重温、审视自己的过去时,我的心情常常十分亢奋,思绪活跃,感情强烈,感慨万端……有时,写到一些记忆真切,甚而历历在目的事情，即便是些细节小事，我也禁不住激动地潸然泪下，而且是边写边掉泪不止。

我对这本书的质量，给自己定了高标准。因为我深知，写回忆录，绝不仅仅只是平铺直叙地写写自己曾经做过哪些事等感性内容，而是要从经历中挖掘、提炼、归结出有启示、有感悟的理性因素，使之具有哲理性，展现生命真谛，这样才有意义和价值。

这很难，但我一定尽力。

写作中，我不累，更不是负担，而是一种精神享受。

这是我写的最后一本书了，我当竭力写好。

退休生活这样度过，不是很有意义，很难得的吗？

二、做一个志愿者服务于社会

退休最初几年，我先后受四个大专院校所约，按照该校的教学计划和所排的课表系统上课。这和未退休时，没有多大变化。其中印象较深的，是两个时段的课。

一是在天津大学国际教育学院教外国留学生汉语课。

我教的是中级班。班上都是来自各个国家的学生。他们都已具有了一定的汉语基础，课上课下都可以用汉语交流，比较灵活。这种类型的课，我很喜欢，而且觉得很有新意。因为，老师们通过教授汉语言文字，向外国留学生传播我国优秀的传统文化，而且，随着他们阅读和写作能力的不断提高，进而可以大量阅读我国的各种书籍和刊物，更深、更多地了解和学习我国历史、文化、科学的精华。

教学中,我十分投入和热情,对他们的要求也十分严格,课上课下常常互动,班上学习气氛很浓厚,我和学生的关系也很融洽。

有时,我还带他们到中学去和中学生们联谊,以提高他们的口头表达能力并能广泛交结朋友。这样的活动,他们很高兴参与。

学期结束了,他们纷纷留下联系电话及其国内地址,热情地约我到他们国家去旅游相见。

二是到美国讲学。

1998年4月9日,我收到了一封来自美国加州基督教大学比较文化研究生院的邀请信。

邀请信的内容如下:

敬爱的吴亚芬教授:

为了进行中美文化交流,本院特别安排了一个讲座单元,邀请数位亚洲文学专家向西方读者介绍东方宗教文学。素闻您对中国古典文学造诣颇深,尤其是对中国四大古典名著的研究有独到之处。在今年夏季的课程中,特别为您安排了佛教思想对中国古典名著《红楼梦》的影响系列讲座。

本次讲座的时间定于六月至九月。您赴美讲学的来回机票并住宿等一切费用,概由本院负责。

敬请您于收到邀请函后,尽快复函。本院将为您的到来,做好相应的准备。

致复活节快乐!

美国加州基督教大学比较文化研究生院

1998年4月9日

这封邀请信的缘由，可能是我曾于1996年去过美国，因与友人同去该校听课，与该校校长俞提多相识。俞校长博学多才，曾在美国威斯康星州立大学获硕士学位、在华盛顿大学获博士学位，有十分深厚的中西文化根底。他立志办学，加州基督教大学就是他一手创办的。在和他交谈中，他也曾询问过我的教学经历，并一起切磋过中国古典文学中的一些问题。

我收到这封邀请信，也很兴奋。因为如果能去美国讲学，就可以直接向西方传播我国传世的文学经典名著，这是难得而有意义的事。

于是，我就把邀请信拿给校领导看。他们十分支持，并决定向市教委上报，按公派出国程序办理有关事项。

附：天津市教育委员会批复我赴美讲学的文件：

天津市教育委员会文件

津教委国际〔1998〕88号

关于天津高等师范专科学校吴亚芬教授赴美讲学的函

天津市外事办公室：

据天津高等师范专科学校津师专发字〔1998〕26号文《关于吴亚芬教授应邀赴美讲学的报告》，应美国加州基督教大学比较文化研究生院邀请，天津高等师范专科学校拟派吴亚芬教授前往美国加州，就"佛教思想对中国古典名著《红楼梦》的影响"进行专题讲授。

经研究，我委同意吴亚芬教授应邀于一九九八年六月至九月赴美讲学。期限为三个月。

吴亚芬教授赴美讲学所需费用均由邀请方提供。

请审核。

附：天津高等师范专科学校津师专发字〔1998〕26号文

一九九八年四月二十三日

抄送市安全局、天津高等师范专科学校

这样，我就顺利地于1998年9月7日抵达美国加州伯克利。

世界日報

「紅學與佛學」講座今起四天

【本報柏克萊訊】位於柏克萊的加州基督教大學將於本月十四日至十七日（星期一至星期四）上午九時至下午一時，舉辦「紅學與佛學」講座，由天津師範大學資深教授吳亞芬主講，歡迎對紅學與佛學有興趣的人士旁聽。此外，該校每逢週二上午九時至十時，由國際聞名、多項國際文學大獎得主、原阿拉巴馬州立大學英語系主任韓森博士主講英美文學，歡迎有興趣者學分者前往參加，聯繫請電：(510) 535-8000，傳真：(510) 526-9000。

美国加州出版的《世界日报》的报道

在赴美之前的四个月，我搜集了许多有关《红楼梦》与佛学关系的资料，认真准备讲稿。我全力投入，缜密而深入，因为我深知这次讲学影响力非同一般，十分重要。

9月14日至17日，我在美国加州基督教大学比较文化研究生院，主讲了“红学与佛学”。共16课时。

《〈红楼梦〉与佛学》讲学提纲：

（一）《红楼梦》成书的社会背景

1.《红楼梦》成书于十八世纪中期，即康熙末年至乾隆中叶。

2. 康乾时代社会政治经济状况。

3. 特定的历史时期对《红楼梦》创作的影响。

（二）《红楼梦》的文学价值与历史意义

1.《红楼梦》是中国传统文化孕育出来的一部最辉煌的长

篇古典小说。

2.《红楼没》拥有最广泛的中外读者，是通俗的大众文学。

3.《红楼梦》蕴含着深奥的理性，是深刻的理性文学，至今仍有研究者所未曾得出准确结论或未曾把握的领域。

4.《红楼梦》是举世公认的一部世界性杰作。

（三）曹雪芹复杂的世界观和佛学思想

1. 曹雪芹的由盛到衰的家世和动荡困顿的生活经历。

2. 曹雪芹兼采儒、佛、道思想形成的复杂的世界观。

3. 曹雪芹佛学思想的形成和发展。

（四）佛学思想在《红楼梦》中的体现

1. 佛教的基本教理是缘生性空。

2.《红楼梦》开篇一僧一道携石入世，演绎了一个完整典型的缘生缘灭的故事。

（1）“因空见色，由色生情，传情入色，自色悟空”解。

（2）甄士隐与贾雨村。

（3）太虚幻境与大观园。

（4）警幻与幻情。

（5）《好了歌》与《好了歌注》。

（6）论妙玉。

（7）宝玉参禅。

（8）惜春、柳湘莲、芳官出家。

（五）《红楼梦》研究综述

讲座结束之后，我广泛地向学生们征求了意见，他们表示很喜欢听这门课，而且对中国的古典文学产生了浓厚的兴趣，今后还要学。

俞校长对我的课也表示肯定。

我为此深感欣慰。

从退休到1999年,我基本上是在学校范围之内从事教学活动。当然,这也是在做有益的事。可是,我有时觉得范围有些局限,也就是说,我想拓宽一些活动范围,尤其是在一些报刊或电视上看到一些热心的志愿者,到养老院、福利院或受灾地区做大量的好事,对此,我既敬佩又感动,进而,我也想做一名志愿者,深入社会多做好事。但如何深入社会,我还一时想不好。

但是,让我想不到的是,1999年夏季的一天,一个很偶然的事,竟给我带来了一个大好的机遇,如同给我走向社会做一个志愿者打开了一扇大门。

1999年8月初的一天晚上,天气酷热。当时我们住在20层,因为楼内电力不足,室内无法安装空调,我们实在酷热难耐,就准备下楼找个凉快的地方散散步。谁知出门时忘记带房门钥匙,再想进去拿,门已经因被碰而锁上。这可把我们急坏了。怎么办?我们用手在钥匙孔边摸来找去,毫无办法撬动,再想来想去,也束手无策……在焦急万分时,我脑子里突然闪出常在街面墙上看到的"有困难找民警"的宣传单。

对!去找民警!

我急忙下楼到就在附近的马场道派出所。我进门一看,有两位民警正在值班。见了他们,我急忙说明情况,请求帮助。他们听后,就立即商量解决办法。然后,一位劝我不要太着急,一位就去拨电话,不一会儿就对我说:"您去你们所住的楼门口等着,我们和消防队联系好了,他们一会儿就到了,去帮你们打开门。"我感激万分,连连说:"谢谢!谢谢!"

我急忙回去，在楼下等着。

十分钟左右，我就看到了两辆消防车飞速开来。

到了楼门口，只见跳下来七八个消防队员。我连忙迎过去，向他们说明情况。他们几个人商量了一下，决定用特制梯子从外墙爬到20层，再从窗户进去。

我一听，就急忙阻拦："不行！这很危险。你们还是上楼把门踹开。门坏了不要紧，安全第一啊！"

他们又商量了一会儿，同意了我的意见，就一起上楼了。房门是铁制的，很重。他们看了看，就由一个很壮实的队员用脚尽力踹了两下，门松动了一些，但没能打开。接着，又换了一个更壮实的队员拼尽全力踹了两下，门被打开了。

就这样，消防队员帮我们把难题解决了。

我万分感动，还有些愧疚——因为自己的疏忽，竟牵动了这么多人力。我当时的心情十分复杂，一下不知用什么话来表示感谢，真想说出"千恩万谢"这个词来。

我邀请他们进屋坐坐，可他们执意要走。出门时我悄然问一下队长，要收多少费用？队长简单地回答："免费。"

"免费？"这就更使我不安了。

把消防队员送走之后，我急忙到了派出所，正好陈所长在。我把消防队员如何打开了房门的情况说了说，然后就急切地说："陈所长，派出所和消防队出动了这么多人，帮助我们解决了困难，我感激不尽。请您告诉我，要交多少费用？"

陈所长也说："免费。而且，您还不能送什么礼。我们的职责就是为人民服务，是完全应当做的。"

这怎么办？……感激和不安的思绪在心里翻腾，我不知说什么,也不想走……

所长见我这样,就站了起来,走到我的跟前亲切地说:“现在已经很晚了,折腾了很长时间,一定很累了,回家吧……走吧。”

他拉着我要送我出门。见此情景,我只好走了。

回家之后,我还是围绕着怎样答谢思来想去。过了一会儿,我心里一亮:何不送书给他们?还是那本《我多想对你说》。

对!就这么办。

第二天一早,我就带了15本书又到了马场道派出所。

我直接去了所长办公室。所长见我又来了,就说:“您还有什么事?”

我直截了当地说:“陈所长,我拿来了自己写的书送给你们,您不会不要吧?”

没等他说话,我就把放书的包放到了他的办公桌上。

陈所长从包里拿出一本翻着看了看,然后说:“好。这书我收下了,再转送消防队几本。谢谢!”

我非常高兴,心里也踏实了。

大约过了一周,派出所给我来了个电话,是陈所长打的。

他说:“吴老师,我看了您送来的书,非常好。您近期能否到我们所里来,给我们讲一讲怎样做一个好警察?”

我听后立即就说:“可以,可以,我去讲。”

我为什么这么痛快地答应了呢?因为这不也是在答谢他们吗?这是求之不得的事啊,我当然愿意讲。

我立即就开始准备讲稿。

对于围绕怎样做一个好警察这个主题,我反复考虑讲什么,怎样讲。为了突出实效性，我不想老生常谈，讲些他们所熟悉的内容，而是想另辟蹊径，从塑造良好形象的角度上讲，我把自己的思路和陈所长商谈了一下，他表示同意，而且把所里民警存在的不足也谈了一些。最后确定了要讲的内容。

我准备好了之后，就到马场道派出所去讲。

我讲的题目是《塑造良好的民警形象》。

宣讲提纲

前言

(一)塑造良好的民警形象的意义和作用

1. 形象的含义。

2. 意义和作用。

要点：

时代的需要，岗位的需要，民意的需要。

(二)自觉加强形象修养

1. 良好的形象修养是民警必须达到的要求。

2. 加强仪表、仪容、仪态的形象修养。

3. 良好的仪表、仪容、仪态的作用。

4. 良好的仪表、仪容、仪态的体现。

(三)怎样得体地待人接物

1. 对群众要有得体的称呼。

2. 对群众要主动问好、致意。

3. 接待群众要热心、耐心。

(四)加强语言修养

1. 语言要体现规范性。

2. 习惯运用礼仪语言。

3. 说话得体，不粗俗，语气温和、平缓。

4. 杜绝污言秽语。

在讲述过程之中，我在讲到“有困难找民警”这个口号的意义——体现了民警的神圣职责和警民之间的血肉联系时，特意提到了我到派出所求助的事，一方面作为例子印证，一方面又一次表示感谢。

这个讲座，我讲了两个多小时。会场气氛热烈而活跃，民警们很专注，并兴趣盎然地听着。结束后，一些民警还接着和我交谈。我和大家都很高兴。

通过这种方式表示对派出所的答谢之后，我不安的心情才得以舒缓。

之后，我以为“开门”之事，就此了结。

可是，令我想不到的是，过了一个多星期，我突然接到一个来自市公安局政治处的电话。打电话的人说：请我第二天上午9时去市公安局政治处参加一个会，会后，王处长还要和我商谈一件事。

我不明就里，但既然通知了我，就应当去。

第二天我准时去了市公安局政治处，王处长热情地接待了我。

去后，我先参加了一个会，内容是研究如何加强对民警的教育工作。

会议结束后，王处长请我到他的办公室，坐下之后他说：“前几天，河西区马场道派出所陈所长来局里办事，见到了我，提起您在他们所里举办了一个讲座，讲的是‘塑造良好的民警形象’,民警们反映很好。现在我们想请您到局里给全局的干部讲讲,好不好?”

这是我没想到的事。可我脑子里立即闪出来一个意念:“这是好事呀!我不是常常想要做一名志愿者,服务于社会吗?”想到了这些,我就立即回答说:“好!我来讲。不过您要多提些要求,我再好好准备准备。”

就这样,我在原稿的基础和框架上,又充实、加深地添加了一些内容,在一周之后,就到公安局给干部们讲了一次。

又过了两周,公安局政治处的王处长又给我打了个电话说:“近来有些区的分局知道了您来局里讲的内容对警员很实用,也想请您去讲。这样吧,想请您去讲的分局或派出所,就直接和您联系吧。好吗?”

我说:“王处长,我去讲完全可以,但我有一个要求,您一定要答应,即我要以一名志愿者的身份去讲,我是去服务的。您一定要支持我!”

王处长停顿了一会儿,接着说:“好!我答应您的要求,明确向分局领导说明。吴老师,说心里话,我对您的表态很感动。您真正是位好老师!”

我忙回话:“不!您不要这样说,这是每一个老师都应该做到的。”

……

我在前文提到的“一个很偶然的事,竟给我带来了一个大好的机遇,如同给我做一个志愿者走向社会打开了一扇大门。”指的就是这个情况。

我从公安局回来的路上,就一直兴奋地想着这件事。

看起来，我想作为一名志愿者，服务于社会的愿望能够实现了！

志愿者是怀着一颗爱心，用自己的双手、头脑、知识、专长不求回报地付出，志愿向社会做奉献的普通而可贵的人。我一直向往做这样的人。现在，既然公安局为我打开了这扇大门，我就要发挥自己的职业特长，全心全意、义不容辞地去付出、去奉献。

接着，从1999年下半年到2001年这一段时间，我不断地应邀到一些区、县公安分局或派出所，以《塑造良好的民警形象》为题去巡回宣讲，先后三四十次。

2001年9月，在天津大礼堂，由公安局举办，全局科级以上的干部参加的宣讲大会上，我和另两位宣讲员分别以不同的专题做了宣讲（我仍然是讲《塑造良好的民警形象》专题）。

大礼堂里座无虚席，会场气氛十分热烈。主席台上除了公安局的领导分别就座之外，还有一位副市长，公安部一位领导也在其中。

看到场面如此隆重，我一时有些紧张，但一想到我是来奉献的，心里就坦然了。我十分认真、流畅地讲完之后，获得了一阵掌声。我为自己做了一件有意义的事而感到欣慰。

当晚，天津电视台的新闻节目播放了这个宣讲会的实况。

为了鼓励我继续为社会奉献，市公安局于2001年12月，给我颁发了一个聘书，聘请我为天津市公安局第二届特邀监督员。我十分珍惜，而且要求自己一定尽职尽责。

在2001年之后，不知道不同的单位是怎样相互发送信息及联络的，我还常常被邀请去另一些部门宣讲。如法院、律师协会、妇联、银行、邮局、宾馆、社区等处。我所讲的仍然是有关塑造良好形象的内容。所不同的是，根据不同的专业，我针对其不同的职业特点，提出不同的要求。

一些大专院校，我也未曾脱离，如我校、南开大学经济学院、天津中医药大学，以及一些职业学院等，只是把按教学计划系统授课，改为做专题讲座了。

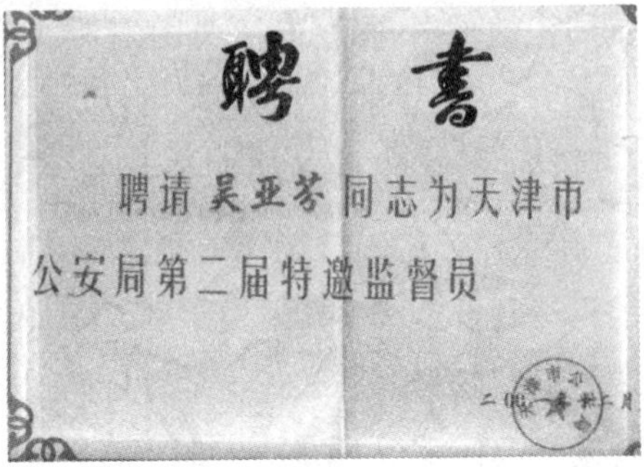

我的聘书

2008年我校为庆祝建校五十周年，要举办各种不同的庆祝活动，在学生中招募百名志愿者经过培训后为校庆活动服务，并邀我去培训招募来的志愿者。我为此十分高兴，因为作为一名志愿者，再去培训志愿者，使我感到别有一番意义。

在我2013年10月离开天津之前，当年4月，最后在本校的新闻学院，又讲了一次，题为《塑造良好的大学生形象》。

许多年以来，作为一名志愿者，我不间断地为社会服务，使我从心底里感到愉快、充实、幸福。

三、退休生活丰富多彩

退休之后，我虽然不断地在做着许多有益的事，但这和注重养生之道，并不矛盾。我长期做有益的事，是出于自觉和主动，所以，精神饱满，生活充实，这对保持自身的健康，十分有利。

但是，我毕竟退休了，对此，应当重视和面对。也就是说，要努力过好晚年时期的生活，真正达到安度晚年、颐养天年的意境。

养生之道首先是要保持良好的精神状态。身体上的健康首先在于精神上的健康。

……

为使自己的精神状态良好，就要使生活充满乐趣。

乐趣是一种美好、积极、健康的情绪和心态，是一种带有青春气息和诗意的情感。沉浸在乐趣之中，就会轻快、舒畅，而且精神振奋、思维活跃。

如果有一种达到痴迷状态的爱好，这种爱好就把你带到新的天地里去了，你就找到了乐趣的源头了。

我酷爱京剧，于是，我就找到了乐趣的源头。

京剧被誉为国粹。这是由于京剧在近二百年以来的发展之中，由徽剧、汉戏为基础，广泛吸取昆曲、秦腔等多个剧种的精华，形成了一种综合性、多元化戏剧元素的大型剧种。它集文学、美术、武术、舞蹈、歌唱、表演于一体，唱、念、做、打俱全，集中体现了中国传统文化的精髓。

京剧的唱腔优美动听，做功细腻真切，扮相俊美飘逸，武打精湛传神。欣赏京剧会感到美不胜收，是一种精神享受。

我酷爱京剧的程度，很难用语言来表达。对京剧的表演，我百看不厌，对京剧的唱腔，我百听不厌。就是有时走在路上，听到路边的屋子里传出京剧的唱腔，或者听到有胡琴拉出的曲调，尽管是十分熟悉的，我也立即驻足不前，专心地站在路边仔细聆听。

更使我痴迷的是参与京剧的学唱活动。

从退休以来,我和五六位戏友每星期聚会一次,在一起吹拉弹唱,自娱自乐。这个活动持续了十七八年之久。这种聚会是我最瞩目、最热望、最快乐的活动。

活动时,我们轮流学唱,我主要是学唱梅派唱腔,每一次我都可以轮唱三四段。

每次当胡琴拉起时,我就开唱。在全身心地投入中,不论唱得好不好,我都会感到通身欢畅、心旷神怡,其乐无穷。

……

到大自然中去,也会获得无穷的乐趣。

大自然很美。

大自然美得惊人,美得博大,美得深邃,美得无穷无尽。

大自然的美对人的心灵、情感的陶冶,出神入化,奇妙无比。

我国地大物博,山水奇秀,有许多著称于世界的奇丽景点。如:山水甲天下的桂林,淡妆浓抹总相宜的西湖,一览众山小的泰山,壮丽的长江三峡,黄山奇峰,庐山瀑布,北戴河的海滨,巍峨的中山陵,浩渺的洞庭烟波,五台山的古刹……

退休以后,我和家人前后到过大连、青岛、承德、长江三峡、北戴河、西安、五台山旅游。不同的景点,有不同的景色,各自展示了其独特的魅力,使我们流连忘返,留下了无限的遐想……

……

有一年的夏季,我们去了青岛。

将要去之前,就听友人说,去青岛旅游,如不去海底世界观赏,就等于没去过青岛。这就是说,"青岛海底世界"是去青岛旅游的首选!

海底世界？这就是要到海的底层去了。我们到过海面——去大连就是坐海船，从海面飘过去的。可海底，除了专业的潜水员之外，谁能下去？想到了这些，我不禁感到新奇、兴奋，还引起了我浮想联翩……怎么去海底？到了海底能看见什么？怎么从海底出来？……越想越兴奋，越急切。

于是，到了青岛，安排好了住处，我们就立即去了青岛海底世界。

我们到了青岛黄金海岸线上，举目望去，依山傍海，宽阔敞亮，一道独特的艳丽的风景线，展现在面前，顿时增强了我们观赏的兴趣。

进入了这个独具特色的海洋生态大观园，导游就向我们介绍了海底世界的景观。她十分清楚地告诉大家，首先，是要沿着海底隧道自动步行梯进入海底。

啊！原来是这样入海！……在海底能建造一条长长的隧道，供不计其数的游客进入海底，其高科技水平难以想象！

我们走进海底隧道，站在自动步行梯之上，通过隧道的亚克力透明玻璃，驻足观望。啊！各种形状奇特的鱼类——美丽大方的蝴蝶鱼，雍容华贵的神仙鱼，俏皮可爱的小丑鱼，憨态可掬的炮弹鱼……在自由潜游。这些我们从未见过的海底奇景，美不胜收，使我们目不暇接，流连忘返，惊奇而赞叹！

更使我们惊奇而意想不到的是，在表演大厅里，透过一堵玻璃幕墙，竟然看到了人鲨共舞的奇异、壮观的景象。潜水员以鲅鱼作为饵料，不时地撒到水里，引来了许多鲨鱼，围着他争食，形成了别具一格的奇异场面，故而称为“人鲨共舞”。

好一个海底宫殿！太值得一游了！

……

有一年的春季，我们去游览了长江三峡。

在到达了长江三峡时，我们登上了雄浑壮伟的三峡大坝。放眼望去，近处可看壁立千仞，江水奔腾，波涛拍岸；而远方又可观平静的江面，蜿蜒的溪水，翠绿的草坪。静中有动，动中有静，静韵与动美交相辉映。身在其中，不禁惊叹、激动而振奋，大有徜徉于大坝的胸怀中，才能真切地感受到“当惊世界殊”的惊喜。

我们在坛子岭观景台远眺大坝，中间是我，两边是二妹和三妹

在一个夏天，我们到北戴河旅游。

我每天傍晚都必去海边大片沙滩上漫步观景。北戴河的景色，使我心中有另一番感受。到了沙滩上，我踏着松软的沙面，感到双足舒爽，周身轻快。再远眺海面，面对着那水天相连，缥缈无垠的大海，听听那海浪拍岸的涛声，心情顿时就会舒张开来，觉得无边的海好像都包容在自己的胸怀之中了。看到了太阳在满天的红霞映衬之下就要落下之时，我不由得感叹“夕阳无限好，只是近黄昏”。可此时，我立即又吟诵着叶剑英元帅的《八十抒怀》中的“老夫喜作黄昏颂，满目青山夕照明”。这样，我的心情就会顿感振奋了。

……

同年的秋季，我们去西安时，首先去看兵马俑。

兵马俑是古代墓葬雕塑的一个类别，出土于秦始皇陵的一部分陪葬坑内。

兵马俑是我国古代辉煌文明的一张金字名片，是世界考古史上最伟大的发现之一，被誉为“世界八大奇迹”，是世界最大的古代军事地下“博物馆”，1987 年列入世界文化遗产的保护名录。

我怀着兴奋、崇敬的心情，来到了兵马俑馆。进馆一看，就立刻被眼前的宏大阵势所震惊！——一排一排身着铠甲，神情威武的兵士挺立着，雄健的战马拉着大型的战车凛然待守。啊！何等逼真，何等神似！

我转到了距离兵马俑最近的一角，十分清楚地看到了兵士们的脸庞、发型、体态、衣着，又激起我的惊叹之情！兵士们的面容有的略带微笑，有的则显得肃穆。其发型、胡须都极其细腻，根根显现……这可都是两千多年以前所制作出来的啊！在如此久远的年代，就有这样的制作精巧、技艺卓越的艺术品，多么令人敬佩、感动啊！

参观了兵马俑之后，我们又去瞻仰武则天的无字碑。

无字碑奇崛瑰丽，巍峨壮观。但更令我瞩目的是那无字的碑面。我站在碑前反复观看这无任何印记的碑面，引起了我感慨万端……武则天是我国古代唯一的女皇帝，她有高超的才识和谋略。她掌权五十多年，威震天下，自认为功德无量，而按惯例，帝王身后留下的墓碑，都应是歌功颂德的，可她为什么在碑上却一字不留呢？

我想来想去，渐渐地把思路归到一点上：她不留一字，可能是特意留下这样一个特殊的空间，让后人无限地去颂扬她、赞美她吧。

由此可见,这位唯一的女皇可谓是超智慧的才女啊!

……

又一个夏季,我们去了五台山。

五台山是佛教四大名山之首,位于山西忻州,历史悠久。

进入五台山,纵目望去,只见满山青翠、松柏成林、幽石莹洁、苍岩碧洞、瑞气萦绕。好一派秀美亮丽、沁人心脾的大好景象!

更有特色的是,山上的寺庙鳞次栉比、佛塔摩天、殿宇巍峨、金碧辉煌。雕塑、石刻、壁画遍及各寺,充满了浓厚古雅的文化气息。

无论我们走到哪儿,都能迎面遇到三五成群的僧尼。

在一条山路上,我们遇到了在石阶上坐着的四位尼姑,与她们攀谈了一阵,气氛十分融洽。于是,我就请她们和我们一起合影留念,她们很高兴地站了起来一起拍了三张照片。

我不信佛教,但是,在寺庙内,看见僧尼们长时间端坐着,一动不动、十分专注地手敲木鱼,默默读经的独特景象,这种无比的虔诚精神,使我深受感动,敬佩之情,油然而生。

如果不论做什么有益的事,都如此虔诚,该多好啊!

五台山融自然风光、古建艺术、历史文物、佛教文化、民俗风情、避暑休养为一体,是绝好的游览胜地。

……

为了保持健康,必须坚持活动,以动养身。

运动是健康的源头活水,经常活动,可增强体内循环,可抗衰老,战胜疾病。在学生时代,我是运动员,不仅常常活跃在篮球场上，还常常活跃在操场上，有这个基础，在参加工作之后，我还是长期不断地活动。记得在三十多岁时，我和几个年轻的女老师组成一个篮球队，和学生的校篮球队比赛了多场，我们还取胜了两次呢。而退休之后，尤其是七十岁以后，参加激烈运动，已经不适应了，于是我就改为走路，每天走三十到四十分钟。据保健医生说，走路也是全身运动，最适合老年人了。这样，我就更坚定地走下去。最近几个月，由于骨质疏松，我的腰部疼痛不止，直不起身来，但用助行器支撑，我还是在走。

过去，因为工作繁忙，我常常顾不上做家务，逐渐就把做家务当成了负担。退休之后，在一次由资深的保健医生主讲的保健讲座上，听到医生说，做家务也是一种健康运动。于是，我就不再把做家务当成负担了，而是从健身角度，积极地去做菜做饭，打扫卫生，洗衣服，清理杂物，等等。

此外，我还注意养成良好的生活习惯，如日动夜卧，饮食适度，生活求适宜，顺应自然，等等。

随着年龄增大，逐渐衰老，患病概率增大，此时就要正确对待疾病。也就是说，有病了，就得治。

治疗慢性病，很需要自身的配合，即应坚持不懈。例如吃药，看似容易，但如需长期服用，稍有疏忽，或者不具耐性，就难以坚持。我从20世纪90年代起，就患有冠心病。医生嘱咐，必须每天吃药。开始，因为终日忙忙碌碌，就常常忘记，不能坚持。这样，病情就出现反复。我接受了这个教训之后，就自觉做到天天服药，直到现在。十多年了，我还在每天吃药，所以病情稳定。

再者，绝不要讳疾忌医。要相信科学，相信医院，相信医生。要认识到，疾病是人生缺少不了的一种体验。它可使人激发和凝聚自身的抗御力,可使人深刻地理解生命。

我退休已经十八年了。回顾这长长的6480天,我的心情安然、踏实、舒畅。

因为,我依照退休时的设想和愿望——要有所贡献,要有所作为,按照养生之道,安排好自己的退休生活,所以,我十八年的退休生活,充实、丰富,有活力、有朝气,多姿多彩,充满乐趣。

……

到此,《在路上》一书就写完了。

在文中,我分了八个部分来概括自己的人生历史。之所以如此,是因为这八个部分所写的内容,是我人生道路上最艰难的时期,也是最重要、最关键的经历。

在这几个时期,我在前进的路上,遇到的是一些难以逾越的急流险滩和高山峻岭。可是,由于从少年时,在师长的指引和自身的努力下,我就为自己确定了"出身不能选择,而人生之路完全可由自己掌握"的座右铭。成年之后,我确定的信仰、追求、奋斗目标,都深深地刻在我的心底,化为了指引我前进的无穷的力量、强劲的信念和九死不悔的执着、坚韧不拔的意志。所以,任何艰难险阻、磨难重压,都没有击垮过我,都没有拦住我前进的步伐。相反,我却实现了自己的奋斗目标,成就了自己所追求的事业,收获了可喜的成功。体味到生命的意义和价值,洞彻了人生的真谛。

我的人生道路布满了荆棘,但我走过来了。

我的人生道路山高水远,但我走过来了。

我的人生道路曲折崎岖,但我走过来了。

我的漫长人生之路,跌宕起伏、艰难险阻,但是,我的路走得对、走得正、走得直。

正道上的脚步沾泥带雪，坚挺而厚重，以此来镌刻岁月，才是生命真正的风景。

我尽力了，我付出了，我奉献了。

我没有辜负生命。

回顾走过的路，我无愧、无悔、无憾、无怨。

我只是一个平凡、普通的教师。但我的一生坦坦荡荡，充实多彩，充满精神之美。

……

我已经是接近八十岁高龄的老人了，在屈指可数的有生之年里，我必定依然一步一步地朝前走着，一直走到生命的尽头……